DAXUESHENG
LAODONG JIAOYU YU SHIJIAN

大学生
劳动教育与实践

经庭如　方章东　廖信林◎主编

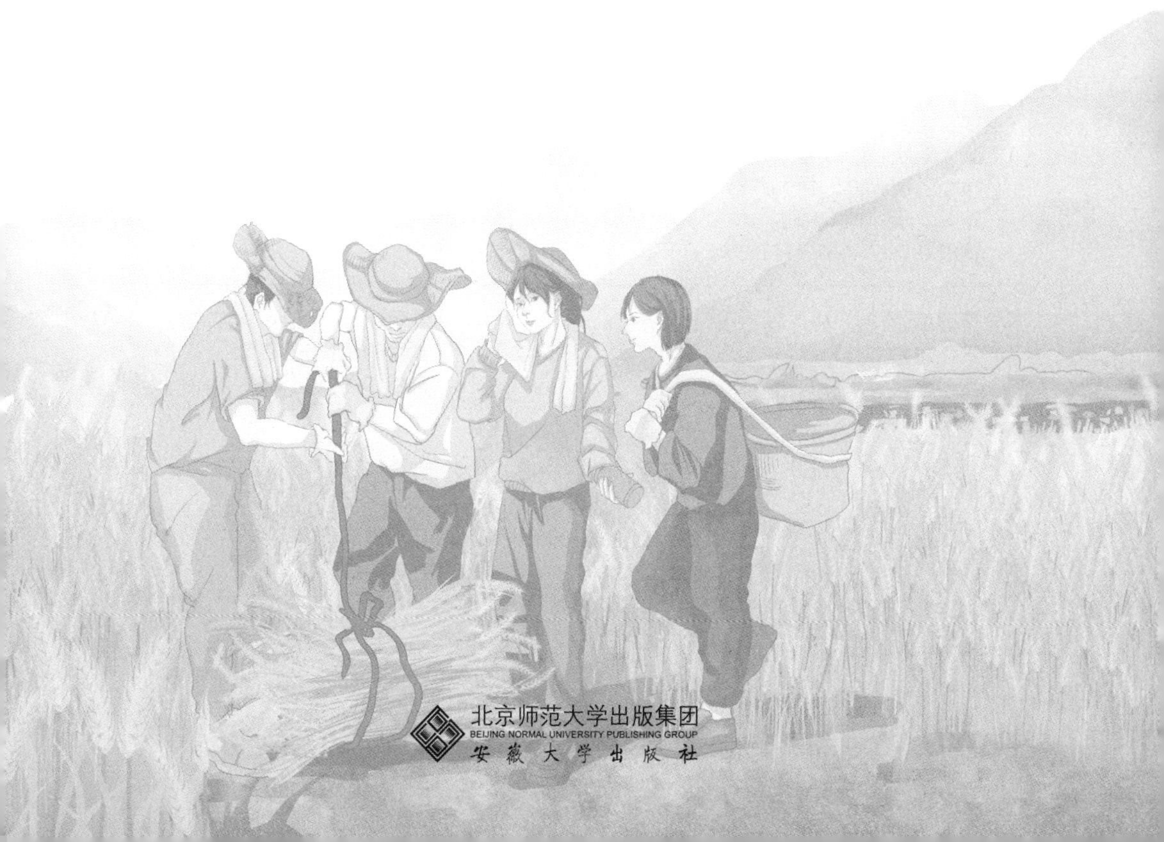

北京师范大学出版集团
安徽大学出版社

图书在版编目(CIP)数据

大学生劳动教育与实践/经庭如，方章东，廖信林主编.—合肥：安徽大学出版社，2022.8(2025.8重印)
ISBN 978-7-5664-2446-4

Ⅰ.①大… Ⅱ.①经… ②方… ③廖… Ⅲ.①大学生－劳动教育 Ⅳ.①G40－015

中国版本图书馆 CIP 数据核字(2022)第 114210 号

大学生劳动教育与实践　　经庭如　方章东　廖信林　主编

出版发行:	北京师范大学出版集团 安 徽 大 学 出 版 社 (安徽省合肥市肥西路 3 号 邮编 230039) www.bnupg.com www.ahupress.com.cn
印　　刷:	合肥远东印务有限责任公司
经　　销:	全国新华书店
开　　本:	710 mm×1010 mm　1/16
印　　张:	10.25
字　　数:	137 千字
版　　次:	2022 年 8 月第 1 版
印　　次:	2025 年 8 月第 6 次印刷
定　　价:	39.00 元

ISBN 978-7-5664-2446-4

策划编辑:刘婷婷　杨　洁	装帧设计:李伯骥　汪曦然
责任编辑:刘婷婷	美术编辑:李　军
责任校对:马晓波	责任印制:陈　如　孟献辉

版权所有　侵权必究

反盗版、侵权举报电话 0551—65106311
外埠邮购电话 0551—65107716
本书如有印装质量问题，请与印制与运营中心联系调换。
印制与运营中心电话 0551—65106311

《大学生劳动教育与实践》审定委员会

(按姓氏拼音排序)

董　毅　高青海　江　诚　康宝勤

廖信林　刘　勇　孙兰萍　王东辉

张　军　卓翔芝

《大学生劳动教育与实践》编委会

主　编　经庭如　方章东　廖信林
副主编　刘　莉　张　军　张　亚
　　　　邓　玥　陈元鲲　雷红生
　　　　郑立勇
编　委　（按姓氏拼音排序）
　　　　陈元鲲　程紫潋　邓　玥　方　黎
　　　　方章东　黄　磊　经庭如　雷红生
　　　　廖信林　吕　岩　沈　蓉　童殊瑜
　　　　王小凡　汪小强　王　欣　王玉滢
　　　　严家凤　张　斌　张　军　张　亚
　　　　周　纯

前言

马克思指出:"劳动是整个人类生活的第一个基本条件……劳动创造了人本身。"[①]在自然和社会的关系中,劳动起着重要的作用,正是劳动把自然的条件转换成财富。劳动是人类区别于自然并促进自身进步的动力,一切对象化的活动就是劳动。劳动不仅创造了人类本身,而且使人类得以延续和发展。热爱劳动是中华民族优秀传统美德。中华民族素有"日出而作,日入而息"的劳动习惯,淳朴的劳动人民通过辛勤劳动创造着属于自己的美好生活。而中国共产党是中华优秀传统文化的继承者,是马克思主义的坚定信仰者、创新者和实践者。在中国革命、建设和改革的实践中,中国共产党人始终坚持把马克思主义基本原理同中国具体实际相结合,同中华优秀传统文化相结合,不断丰富和发展马克思主义劳动观。

教育是国之大计、党之大计。培养什么人、怎样培养人、为谁培养人是教育的根本问题。党的十八大以来,习近平总书记立足中国特色社会主义进入新时代这一新的历史方位,高度重视青少年劳动教育,对劳动和劳动教育作出一系列重要论述,具有现实针对性和实践指导性。2018年,习近平总书记在全国教育大会上强调,要在学生中弘扬劳动精神,教育引导学生崇尚劳动、尊重劳动,懂得劳动最光荣、劳动最崇高、劳动最伟大、劳动最美丽的道理,长大后能够辛勤劳动、诚实劳动、创造性劳动。习近平总书记将教育

---

① 马克思恩格斯选集(第三卷),北京:人民出版社,2012年,第988页。

目标的"四育"提升为"五育",更加突出了劳动教育的重要性。《中国教育现代化2035》进一步明确规定教育要弘扬劳动精神,强化实践动手能力、合作能力、创新能力的培养。2020年3月,中共中央、国务院发布了《关于全面加强新时代大中小学劳动教育的意见》(以下简称《意见》),这是中华人民共和国成立以来,第一份完整的关于大中小学劳动教育一体化的指导性意见。《意见》构建了德智体美劳全面培养的教育体系,并着重就加强新时代大中小学劳动教育提出了五个方面的具体要求,这就为进一步开设和建设好大学生劳动教育课程提供了政策性指导。2020年7月,教育部关于印发《大中小学劳动教育指导纲要(试行)》的通知,加快构建德智体美劳全面培养的教育体系。2022年10月,党的二十大报告明确提出,"全面贯彻党的教育方针,落实立德树人根本任务,培养德智体美劳全面发展的社会主义建设者和接班人"。劳动教育十年来第一次写进党代会的报告。党二十大报告中劳动教育的回归,旨在要通过劳动教育,使学生能够理解和形成正确的劳动观,树立劳动最光荣、最崇高、最伟大、最美丽的观念,体会劳动创造美好生活,体认劳动不分贵贱,热爱劳动,尊重普通劳动者,培养勤俭、奋斗、创新、奉献的劳动精神,具备满足生存发展需要的基本劳动能力,形成良好劳动习惯。

　　大学生是国家的未来和民族的希望,大学生的思想政治素质和能力水平关系到党和国家事业的前途命运。新时代的大学生,生逢其时,肩担重任。习近平总书记勉励道:"新时代的中国青年要以实现中华民族伟大复兴为己任,增强做中国人的志气、骨气、底气,不负时代,不负韶华,不负党和人民的殷切期望!"[①]而要不负期望、胜任历史使命,首要的是具有健全人格,树立正确的劳动观。正确的劳动观能够帮助大学生形成正确的劳动态度,尊重劳动群众,珍惜劳动成果让大学生以昂扬向上的姿态和劳动热情投入社会劳动生产,创造幸福生活。反之,错误的劳动观则会影响大学生作出消极无

---

① 习近平.在庆祝中国共产党成立100周年大会上的讲话[N].人民日报,2021年7月2日。

前言

为的行为选择，引导大学生树立正确的劳动观在大学生成长过程中的地位和作用不言而喻。而日益健全的制度体系必将有力地推动全面加强大学生劳动教育、帮助大学生树立正确的劳动观，从而更好地激发大学生创造力，使青年群体在社会主义现代化建设中发挥应有的作用，推动国家和民族的兴旺发展。

大学不仅是增长知识、丰富学识的场所，也是促进大学生综合素质提升、全面发展的平台。在开启第二个百年新征程中，大学生是社会主义现代化强国的建设者、见证人，这就对人才培养提出了更高要求，其中最核心的就是落实好立德树人根本任务。《大学生劳动教育与实践》在结构上除前言外，主要包括两部分由七章、十三个专题组成，其目的在于配合各高校开设好劳动教育课程。本教材坚持以习近平新时代中国特色社会主义思想为指导，全面贯彻党的教育方针，落实全国教育大会精神；牢牢把握育人导向，围绕培养担当民族复兴大任的时代新人，着力提高大学生综合素质，促进大学生全面发展；把准高校劳动教育价值取向，引导大学生树立正确的劳动观，增强大学生对劳动人民的感情，崇尚劳动、尊重劳动、热爱劳动、投身劳动，引导大学生把实现青春梦、个人梦与圆梦中国相融合。

用好本教材，需要把握以下几点：一是注重学生的主体地位，从大学生的实际出发，探索劳动育人的新途径、新方法；二是注重问题导向，立足新时代，不断构建劳动育人新格局、新体系；三是注重分类指导，根据不同专业、不同年级的大学生特点，不断增强劳动育人的针对性；四是注重内容与形式相结合，把握劳动育人的有效性、科学性。

学好本课程，需要把握好以下几点：一是努力掌握有关劳动基本理论，特别是习近平总书记关于劳动及劳动教育的重要论述，增强对劳动教育的独特育人价值的深刻认识；二是坚持理论联系实际，尤其要联系日常生活实际，联系社会主义现代化建设和中华民族伟大复兴实际，树立马克思主义劳动观，明确劳动的目的，树立劳动最光荣、劳动最崇高、劳动最伟大、劳动最美丽的观念；三是注重培养劳动习惯。不断提高自身劳动能力，增强对劳动价值的认同，以自己的实际行动为中国特色社会主义伟大事业和中华民族伟大复兴贡献力量。

本教材系安徽省高等学校省级质量工程一流教材项目研究成果，是集体劳动的结晶。本书由方章东、经庭如（安徽财经大学）负责统稿、审定，具体编写分工如下：前言：方章东（安徽农业大学）；第一章：严家风（安徽中医药大学）；第二章：方黎（安徽医科大学）、刘莉（安徽农业大学）、王玉滢（安徽农业大学）、童姝瑜（安徽农业大学）；第三章：陈元鲲（安徽医科大学）；第四章：周纯（黄山学院）；第五章：黄磊（安徽建筑大学）、王欣（合肥师范学院）；第六章：王欣（合肥师范学院）、吕岩、刘莉、汪小强（安徽农业大学）；第七章：王欣（合肥师范学院）、王小凡（合肥师范学院）、程紫薇（合肥师范学院）。刘莉、张军、张亚、邓玥、陈元鲲、雷红生、郑立勇同志也为本书的最终完成付出了辛劳，贡献了智慧。

本教材的编辑和出版得到了安徽大学出版社的大力支持，在此表示感谢！由于编者水平有限，书中难免存在错漏之处，敬请广大读者批评指正。

目 录

理论篇

第一章 劳动观念

第一节　劳动观的历史发展概述 / 3

第二节　马克思主义劳动观 / 8

第三节　新时代大学生劳动教育 / 16

专题一　劳动是创造价值的唯一源泉 / 27

专题二　勤劳是中华民族优良的传统美德 / 29

第二章 劳模精神和工匠精神

第一节　劳模精神 / 31

第二节　工匠精神 / 38

专题一　学习劳模精神　点亮青春梦想 / 45

专题二　传承工匠精神　成就精彩人生 / 46

第三章 劳动素养

第一节　劳动素养的概念和内涵要求 / 49

第二节　劳动素养的提升 / 60

专　题　养成良好劳动习惯　坚定目标努力前行 / 67

第四章 劳动安全和劳动保障

第一节　劳动安全 / 68

第二节　劳动保障 / 78

专题一　安全劳动在身边 / 92

专题二　知法懂法促平安 / 92

实践篇

第五章 生活劳动

第一节　生活劳动概述 / 96

第二节　生活技能 / 101

专题一　生活收纳伴我行 / 106

专题二　垃圾分类我定行 / 107

第六章 服务劳动

第一节　服务劳动概述 / 110

第二节　校园服务劳动 / 113

第三节　社会服务劳动 / 117
专题一　校园服务我先行 / 122
专题二　志愿服务我常行 / 125

第七章　生产劳动

第一节　生产劳动概述 / 129
第二节　专业劳动 / 133
第三节　创新劳动 / 137
专题一　专业实习我实行 / 143
专题二　创新创业我践行 / 144

理论篇

第一章 劳动观念

中华民族自古重视劳动,并将勤劳视为中华民族的第一美德,中国古代的劳动观念主要呈现在礼仪制度、学校教育和家庭活动中。中国近现代劳动教育思想是在鸦片战争、西学东渐的背景下产生的,从洋务派的实业救国到维新派的教育救国,再到新文化运动强调民主与科学,五四运动促进马克思主义在中国的传播……劳动及劳动者被放在越来越重要的位置上,到如今劳动教育在思想与实践上都有了很大的发展。

第一节 劳动观的历史发展概述

一、中国古代劳动观概述

"劳动"一词最早见于《庄子·让王》:"春耕种,形足以劳动。秋收敛,身足以休息;日出而作,日入而息,逍遥于天地之间而心意自得。"这里的"劳动"和我们今天所说的生产劳动意思大致相当。从词源上看,东汉许慎的《说文解字》将"劳"字归于"力部",曰:"劳,剧也。从力,荧省。荧,火烧冂,用力者劳。"可见,"劳"的本义即指用力、出力。众所周知,中华民族是以农耕为主的民族,自古即把劳动视为繁衍生息的重要保障。如《论语》中"劳而不怨""有事弟子服其劳"等,《墨子》中有"民不劳而上足用""劳而不得息"的记载。值得一提的是,孟子创造性地将"劳动"分为脑力劳动和体力劳动,并看到了两种劳动的差别:"劳心者治人,劳力者治于人"。中华民族关于劳动的认识源远流长,但受生产力和政治制度等的影响,并未形成完整的劳动教育理论,很多关于劳动的观点散见于古代的礼仪制度、学校教育及家庭教育中。

古代礼仪制度中的劳动观。中国素有"礼仪之邦"的美称,礼仪文明是中华优秀传统文化的重要组成部分,从古代礼仪活动中能看到古人对劳动者的崇敬。相传,三皇之一的神农氏就因教民播种五谷、辨识药性而被尊称为农业之神;周代的始祖后稷继承了神农的事业,"后稷教民稼穑,树艺五谷,五谷熟而民人育",后人建稷神之坛,祭祀后稷;共工氏的儿子后土划分了九州的土地,后人建社神之坛以纪之。古代君王将祭祀土地神和谷神视为非常重要的礼仪活动,此外,诸侯甚至百姓也都有祭祀土地的活动。这些礼仪活动潜移默化地引导民众鉴往知来,重视生产劳动,珍惜劳动成果。

古代学校教育中的劳动观。一般认为,我国古代学校教育是没有劳动教育的,教育和生产劳动完全脱离。但事实上,我国不同历史时期都存在重视劳动尤其是重视生产劳动的情况。《尚书大传·略说》曰:"耕锄已藏,祈乐已入,岁时已毕,余子皆入学。十五始入小学,见小节,距小义;十八入大学,见大节,践大义焉。距冬至四十五日,始出学传农事。"这记载了周代学校教育的具体情况,体现了古代农业生产与学校教育的简单结合。宋代教育家朱熹也强调日常劳动教育,他在《大学章句序》中说:"人生八岁,则自王公以下,至于庶人之子弟,皆入小学,而教之以洒扫、应对、进退之节，礼乐、射御、书数之文；及其十有五年，则自天子之元子、众子，以至公、卿、大夫、元士之适子，与凡民之俊秀，皆入大学，而教之以穷理、正心、修己、治人之道。此又学校之教、大小之节所以分也。"朱熹将教育分为小学、大学不同阶段，并将洒扫等劳动列入小学教育的内容。

古代家庭教育中的劳动观。古代读书人将耕读传家视为良好的家族传统，这一传统体现了劳动与教育的简单结合。被誉为"智慧化身"的诸葛亮用《诫子书》教育儿子"静以修身，俭以养德"。他希望儿子通过勤俭培养自己的品德，成就高远的志向。清代教育家朱柏庐要求子孙既要勤于日常劳作，又要勤于治家，并用"一粥一饭，当思来之不易；半丝半缕，恒念物力维艰"诫勉子孙克勤克俭。颜之推的《颜氏家训》、司马光的《训俭示康》、曾国藩的《曾文正公家书》等都表示家庭教育的内容应包括勤劳节俭教育。传统家庭教育之所以重视耕读结合，是因为耕读结合有助于帮助人们认识到稼穑乃治国安民之本。

古人认为，劳动可以陶冶身心、锻炼意志、提升境界，更有利于提升解决实际问题的能力。传统劳动教育一方面体现了中华优秀传统文化的生机与活力，另一方面也为当下开展劳动教育提供了重要的理论与实践资源。

二、中国近现代劳动观

鸦片战争后，西方的坚船利炮打开了中国的国门，中国自此饱受资本主义、封建主义、官僚主义和帝国主义的压迫。值此之际，中国有识之士开始了学习西方科技知识的救亡图存之路，同时西方劳动思想也开始传入中国。

（一）有识之士的劳动观

中国近代劳动观从洋务派的实业救国到维新派的教育救国，劳动以及劳动者被放在越来越重要的位置。而那些主张教育救国的有识之士希望通过教育改造国民性，他们受西方教育理念的影响反思并批判中国传统教育，逐渐认识并肯定劳动以及劳动人民对于国家和社会的意义，希望通过劳动教育改变中国的面貌。

中国近现代劳动教育可以追溯到以"自强"和"求富"为目的的洋务运动，盛行于19世纪下半期的洋务运动开启了中国传统教育的近代转型之路。以曾国藩、李鸿章、左宗棠和张之洞为代表的洋务派官员倡导西学，批判科举，通过开办新式学堂、派遣留学生等途径为国家培养实用型技术人才，开启了近代劳动教育的先声。

到民国时期，"劳动教育在思想与实践上都有了巨大的进展与突破，一度成为制度化教育体系中受到明确规范的教育形式之一"。[①]劳动教育的不断深化离不开先进人物的积极宣扬和推动。

[①] 申国昌，申慧宁：《我国劳动教育的历史审思与未来展望》，载《全球教育展望》，2020年第10期，第102～112页。

1918年，为庆祝协约国在第一次世界大战中获胜，蔡元培在北京天安门前举行演讲，称此后的世界都是劳工的世界,我们要认识劳工的价值,劳工神圣。"劳工神圣"的口号迅速得到知识界和报界的认同和积极响应。

大教育家蔡元培于1912年发表《对于新教育之意见》，系统地提出"军国民教育、实利主义教育、公民道德教育、世界观教育、美感教育"的五育并举思想，"是中国近代教育史上第一个充分体现社会价值与人的发展价值相统一，追求人的自由、和谐发展的教育思想。"[①]

我国职业教育首倡者黄炎培毕生致力于改革脱离社会生活和生产的传统教育，把"尊重劳动"作为职业教育所奉行的重要信条。他认为教育的作用在于使受教育者既能有"自立之能力,于人能为适宜之应付"。1913年，他发表《学校教育采用实用主义之商榷》，提倡教育要与学生生活、学校与社会实际相联系。教育家陶行知认为劳动是实现教育目标的必要手段，劳动教育是教育体系不可或缺的重要环节。梁漱溟认识到劳动有利于社会稳定和经济发展，在山东邹平开展轰轰烈烈的乡村建设运动，在一定程度上促进了乡村整体劳动力素质的提升。

（二）马克思主义劳动观在中国的传播

马克思主义是中国人民反帝反封建以及救亡图存的强有力的理论武器，早期的马克思主义传播者李大钊、陈独秀、瞿秋白等人把马克思的劳动观传播到中国大地。李大钊在《我的马克思主义观》《马克思的经济学说》等文献中阐述了马克思的剩余价值理论，并在多种场合宣讲马克思的剩余价值理论。他启发工人阶级认识到自己是被剥削者，并帮助他们认识到自己被剥削的根源，鼓励他们起

---

① 王列盈：《论蔡元培的五育并举教育思想》，载《教育评论》，2009年第3期，第149~152页。

来为维护自己的利益而斗争。

中国共产党早期领导人陈独秀在接触马克思主义过程中充分肯定了劳动者的地位。1920年，他在《新青年》上出版"劳动节纪念专号"，与李汉俊在上海创办《劳动界》周刊宣传"劳动创造世界"的理论。他还与俞秀松、李汉俊等联合创办了《伙友》周刊，反映工人阶级的生活状况，揭露资本家的剥削本质。①他甚至指出工人阶级是栋梁，是"台柱子"，没有他们，便没有世界。

第二节　马克思主义劳动观

马克思主义劳动观是马克思主义教育理论的重要组成部分。马克思在《资本论》中明确指出，"生产劳动同智育和体育相结合，它不仅是提高社会生产的一种方法，更是造就全面发展的人的唯一方法"②。马克思主义创始人从人的全面发展这个基本点出发，指出生产劳动与教育结合是改造社会最强有力的手段，也是实现人的全面发展的根本途径。

---

① 卫静春，周晓东：《1919—1923年陈独秀对工人运动态度的两重性》，载《安庆师范学院学报（社会科学版）》，2007年第2期，第49~52页。
② ［德］马克思：《马克思恩格斯全集（第23卷）》，北京：人民出版社，1972年，第530页。

一、马克思主义劳动观的基本内容

在西方教育发展史上,关于劳动和劳动教育的思想源远流长,但只有马克思提出了科学的劳动观和劳动教育思想。马克思的劳动观是贯穿马克思主义哲学、政治经济学和科学社会主义的一条主线。马克思主义认为,劳动是人类最基本的社会实践活动,是人类社会存在与发展的基础,也是创造价值的唯一源泉。

(一)马克思主义劳动观

1. 劳动创造了人本身

马克思主义认为,劳动是人类的本质活动,是人的活动的基本形式,因而人是劳动的产物。人的本质是自由自觉的活动,即劳动,这是人与动物的本质区别。人能够根据自身意愿去有目的地改造自然,创造丰富的属于自己的物质条件。恩格斯指出,劳动和工具的制造在人的形成与人类社会诞生的过程中起着决定性作用。他在《劳动在从猿到人转变过程中的作用》中写道:"劳动是整个人类生活的第一个基本条件,而且达到这样的程度,以致我们在某种意义上不得不说:劳动创造了人本身。"①

2. 劳动是人类社会存在和发展的基础

首先,劳动创造了人类历史。马克思在《1844年经济学哲学手稿》中指出:"对社会主义的人来说,整个所谓世界历史不外是人通过人的劳动而诞生的过程。"②马克思充分肯定了劳动对整个人类和人类历史的重要意义,劳动是一切历史的基本条件。他指出:"人们为了能够'创造历史',必须能够生活。但是为了生活,首先就需要吃喝住穿以及其他一些东西。因此,第一个历史活动就是

---

① [德]恩格斯:《劳动在从猿到人转变过程中的作用》,北京:人民出版社,1971年,第1页。
② 《马克思恩格斯文集(第一卷)》,北京:人民出版社,2009年,第196页。

读书笔记

生产满足这些需要的资料,即生产物质生活本身,而且这是人们从几千年前直到今天单是为了维持生活就必须每日每时从事的历史活动,是一切历史的基本条件。"①正是因为有了劳动,人类才能生产出满足自身需要的生产资料,才产生了生活和历史。

其次,劳动创造了人类社会。从古猿进化到人的过程中,劳动起着至关重要的作用,是劳动让人成

为其本身,并创造了人类社会。当自然界发展到一定阶段时,劳动分工产生了。劳动分工的产生使得人们必须以一定的方式互相交换劳动,并在此基础上形成一定的生产关系,从而产生了人类社会。马克思主义认为,具有劳动能力的人,跟生产资料(生产工具和劳动对象)相结合而形成的征服、改造自然的能力叫作生产力。可见,人只有劳动,才能有生产力,才能让人类从野蛮走向文明。

3. 劳动是创造价值的唯一源泉

毋庸置疑,人们所需要的一切都是由劳动创造出来的。马克思主义认为:"劳动首先是人和自然之间的过程,是人的自身的活动来中介、调整和控制人和自然之间的物质交换的过程。"②也就是说,劳动是人类改造自然的物质性活动,是为了满足自身需要而创造物质价值的活动。马克思主义认为,劳动分为简单劳动和复杂劳

---

① 《马克思恩格斯选集(第1卷)》,北京:人民出版社,1995年,第78~79页。

② [德]马克思:《资本论(第1卷)》,北京:人民出版社,2004年,第207~208页。

动、具体劳动和抽象劳动、脑力劳动和体力劳动、社会必要劳动和社会剩余劳动以及个别劳动和社会劳动。马克思主义的劳动价值论正是建立在对劳动的本质的认识上。马克思主义认为，价值是凝结在商品中的无差别的人类劳动。一切有价值的商品，都是以劳动创造为基础。

（二）马克思主义劳动教育思想

马克思主义教育思想中有一个基本的观点，即教育要与生产劳动相结合。马克思指出：教育与生产劳动相结合是"改造现代社会的最强有力的手段之一"。人类认识世界和改造世界离不开生产劳动，因而劳动教育成为教育理论中一个基本的观点。恩格斯充分肯定了马克思劳动教育的观点，他指出，"政治经济学家说：劳动是一切财富的源泉。其实，劳动和自然界在一起才是一切财富的源泉，自然界为劳动提供材料，劳动把材料转变为财富"。[①]也即是说，只有通过劳动，人才能将自在的自然改造成人化的自然，只有通过劳动人才能创造丰富的物质生活资料，一切财富的源泉建立在人类劳动的基础上。

列宁继承了马克思关于教育与生产劳动结合的观点，关于劳动教育的重要性他说得非常清楚："没有年青一代的教育和生产劳动的结合，未来社会的理想是不能想象的：无论是脱离生产劳动的教学和教育，或是没有同时进行教学和教育的生产劳动，都不能达到现代技术水平和科学知识现状所要求的高度。"[②]新时代大学生的劳动教育应坚持运用马克思主义劳动教育的立场、观点和方法，结合国情和人才培养需要，培养出能够担当民族复兴大任的时代新人。

[①] ［德］恩格斯：《劳动在从猿到人转变过程中的作用》，北京：人民出版社，1971年，第1页。
[②] 《列宁全集（第2卷）》，北京：人民出版社，1984年，第461页。

二、马克思主义劳动观的中国化

马克思主义劳动观始终指导着中国革命、建设和改革，中国共产党人不断地在理论和实践上丰富和发展马克思主义劳动观，对马克思主义劳动观的继承和创新贯穿于中华人民共和国教育历程的各个发展阶段。从中华人民共和国成立到"文革"结束，我国劳动教育经历了艰难探索和曲折发展的历程。改革开放后，党中央对劳动教育进行了理念上的调整和体系上的建构，始终秉承"教育与生产劳动相结合"的方针并不断对劳动教育进行调适和创新。可以说，"中国历届领导集体在继承马克思主义劳动观的同时，秉持与时俱进的思想，并结合中国的现实，形成了一系列具有时代特征、民族特征的思想理论，将马克思主义劳动观中国化的发展推向新的高峰。"[①]

（一）毛泽东的劳动观

以毛泽东为主要代表的中国共产党人尤为重视劳动。早在土地革命时期，毛泽东同志就提出必须坚持劳动和教育相结合的方针；抗日战争时期，毛泽东同志又提出民众教育要和生产劳动结合，并在解放区开展大生产运动，引导知识分子与工农结合。中华人民共和国成立后，毛泽东指出："教育必须为无产阶级服务，必须同生产劳动相结合，劳动人民要知识化，知识分子要劳动化。"[②]1958年根据毛泽东的讲话精神，《中共中央、国务院关于教育工作的指示》明确将"教育与生产劳动相结合"写入党的教育工作方针中。

（二）邓小平的劳动观

改革开放的总设计师邓小平不仅重视教育，更重视教育与生

[①] 孙家学等：《新时代高校劳动教育通论》，北京：高等教育出版社，2021年，第41页。

[②] 毛泽东：《毛主席论革命教育》，北京：人民出版社，1967年，第11页。

产劳动结合。他指出,"为了培养社会主义建设需要的合格人才,我们必须认真研究在新的条件下,如何更好地贯彻教育与生产劳动相结合的方针"①。邓小平的劳动教育观是对马克思主义和毛泽东劳动教育思想的继承与创新,他的劳动教育观最典型的特征是把生产劳动纳入教育、科技和经济发展需要的社会整体发展模式中。他认为:"要实现现代化,关键在于科学技术要能上去。发展科学技术,不抓教育不行。"②科学技术是第一生产力,劳动教育不仅是德育的手段,更是实现自我价值、走向共同富裕的重要路径,面向现代化、面向世界、面向未来的教育不能缺少劳动教育,尤其是复杂性、创新性劳动教育。

(三)江泽民的劳动观

以江泽民为代表的中国共产党人创新性地提出了"必须尊重劳动、尊重知识、尊重人才、尊重创造"的"四个尊重"重大方针,其中,"尊重劳动"居于基础和核心地位。世纪之交,江泽民在《关于教育问题的讲话》中提出了"教育为社会主义事业服务,教育与社会实践相结合"的教育方针,这继承了"教育与生产劳动相结合"的马克思主义教育观点。

(四)胡锦涛的劳动观

以胡锦涛为核心的中国共产党人在继承的基础上创造性地提出社会主义荣辱观,提出"以辛勤劳动为荣,以好逸恶劳为耻"的劳动观念。2010年9月,胡锦涛在全国教育工作会议上强调,"要促进学生全面发展,优化知识结构,丰富社会实践,加强劳动教育,着力提高学习能力、实践能力、创新能力,提高综合素质,加快改变学生创新能力培养不足状况"③,重视创新性劳动,把劳动教育上

---

① 《邓小平文选(第2卷)》,北京:人民出版社,1994年,第107页。
② 《邓小平文选(第3卷)》,北京:人民出版社,1993年,第306页。
③ 胡锦涛:《在全国教育工作会议上的讲话》,载《人民日报》,2010年9月9日。

升到中央工作的战略高度。

（五）有关习近平劳动观的重要论述

习近平有关劳动观的重要论述是在继承马克思主义劳动教育观、中国共产党历代领导人的劳动教育思想，以及合理吸收中华优秀劳动教育思想的基础上形成的新成果。

习近平的劳动教育思想的最高旨归是实现中华民族伟大复兴的中国梦。2012年11月29日，习近平在参观《复兴之路》展览时指出，"根据党的十八大精神，我们明确提出要实现中华民族伟大复兴的中国梦"。他说："中国梦是民族的梦，也是每个中国人的梦……生活在我们伟大祖国和伟大时代的中国人民，共同享受人生出彩的机会，共同享有梦想成真的机会，共同享受同祖国和时代一起成长与进步的机会。有梦想，有机会，有奋斗，一切美好的东西都能够创造出来。"[1]中国梦的实现需要依靠有理想、有本领、有担当、能吃苦的新时代青年的努力奋斗。党的十八大以来，习近平在不同场合强调了青年一代是全面建成小康社会的"生力军和突击队"。党的十八大报告把"爱国、敬业、诚信、友善"作为培养担当民族复兴大任的时代新人的价值导向，党的十九大报告更是对青年一代寄予厚望："青年一代有理想、有本领、有担当，国家就有前途，民族就有希望。"[2]

党的十九大报告指出，经过长期努力，中国特色社会主义进入了新时代，这是我国发展新的历史方位，这就需要建设知识型、技能型、创新型劳动者，要使绝大多数的城乡新增劳动力接受高中阶段教育、更多接受高等教育，需要弘扬劳模精神和工匠精神，这就凸显了大学生劳动教育的重要性。习近平总书记在庆祝改革开放40

---

[1] 习近平：《习近平谈治国理政》，北京：外文出版社，2014年，第40页。
[2] 习近平：《决胜全面建成小康社会 夺取新时代中国特色社会主义伟大胜利》，新华网，2017年10月27日。

周年大会上总结出了创造"中国奇迹"的朴素哲理:"伟大梦想不是等得来、喊得来的,而是拼出来、干出来的。"

2018年,在全国劳动教育大会上,习近平总书记在"四育并举"的基础上创新性地提出了"五育并举"的教育方针,提出要努力构建德智体美劳全面培养的教育体系,"要在学生中弘扬劳动精神,教育引导学生崇尚劳动、尊重劳动、懂得劳动最光荣、劳动最崇高、劳动最伟大、劳动最美丽的道理,长大后能够辛勤劳动、诚实劳动、创造性劳动"[①]。2019年,习近平总书记主持召开学校思想政治理论课教师座谈会时强调,要用新时代中国特色社会主义思想铸魂育人,贯彻党的教育方针,落实立德树人根本任务,要"扎根中国大地办教育,同生产劳动和社会实践相结合"[②]。劳动教育的首要功能是育人,习近平总书记结合中国实际提出"五育并举"的教育方针,目的是要解决"培养什么人、怎样培养人、为谁培养人"的根本问题。在2021年"五一"国际劳动节之际,习近平总书记代表党中央向全国广大劳动群众致以节日的祝贺和诚挚的慰问。他强调:"劳动创造幸福,实干成就伟业。希望广大劳动群众大力弘扬劳模精神、劳动精神、工匠精神,勤于创造、勇于奋斗,更好发挥主力军作用,满怀信心投身全面建设社会主义现代化国家、实现中华民族伟大复兴中国梦的伟大事业。"习近平总书记关于劳动教育的重要论述是在时代的高度和实践发展需要的基础上提出的,他的劳动观为开展新时代大学生劳动教育指明了方向。

马克思主义认为,劳动不仅创造了人本身,还创造了人类社会历史,劳动是实现人的全面发展的重要途径。中国共产党人重视劳

---

① 习近平:《坚持中国特色社会主义教育发展道路 培养德智体美劳全面发展的社会主义建设者和接班人》,央广网,2018年9月10日。
② 习近平:《用新时代中国特色社会主义思想铸魂育人 贯彻党的教育方针 落实立德树人根本任务》,载《中国青年报》,2019年3月19日。

动教育，不仅重视生产劳动，更重视科技创新，"科学技术是第一生产力"就是改革开放中关于劳动创造价值、劳动强国的最强音。党的历届领导人高度重视劳动教育，为新时期加强劳动教育奠定了坚实的基础。

第三节 新时代大学生劳动教育

在我国，劳动教育一向被视为德育的内容之一。《中国大百科全书》称劳动教育是"使学生树立正确的劳动观点和劳动态度，热爱劳动和劳动人民，养成劳动习惯的教育，是德育的内容之一"[①]。《辞海》也称开展劳动教育是发挥劳动育人的功能，"对学生进行热爱劳动和劳动人民、珍惜劳动成果、树立正确的劳动观点和劳动态度，通过日常生活培养劳动习惯和技能的教育活动。"由是，开展大学生劳动教育是为了帮助大学生树立正确的劳动观念和劳动态度，养成良好的劳动习惯，使大学生热爱劳动人民，在劳动中塑造勤劳坚毅的品格，懂得劳动创造美好幸福生活的道理。

党的十八大以来，习近平总书记多次围绕劳动的价值、劳动精神、劳动在教育中的地位等方面发表重要论述，将弘扬劳动精神、深化劳动教育看成全面建成小康社会、夺取新时代中国特色社会主义伟大胜利、实现中华民族伟大复兴的中国梦的重要内容。当前，我们应深入贯彻习近平总书记的重要讲话精神，扎实推进新时代大学生劳动教育工作，努力把大学生培养成德智体美劳全面发展、能够担当民族复兴大任的时代新人。

---

① 《中国大百科全书》总编委会：《中国大百科全书》，北京：中国大百科全书出版社，2009年，第396页。

一、新时代大学生劳动教育的意义

（一）丰富马克思主义劳动教育理论

中国劳动教育的发展是一个系统的整体性的存在，在继承马克思主义劳动观和合理吸收优秀传统文化基因的基础上，其结合我国实际不断地进行了引进、自我调适和创化。自蔡元培担任教育总长提出五育并举的教育方针以来，我国教育方针经历了德育、智育、体育的"三育"教育方针，"面向现代化、面向世界、面向未来"和培养"四有"新人的教育方针，造就有理想、有道德、有文化、有纪律的德智体美全面发展的社会主义建设者和接班人的"四育"方针的发展历程。在2018年全国教育大会上，习近平总书记做出重要指示：把劳动教育纳入教育体系，"培养德智体美劳全面发展的社会主义建设者和接班人。"这是对新时代教育提出的新要求，换言之，培养新时代高素质人才不能脱离劳动教育。通过劳动教育，培养学生树立正确的劳动观和劳动态度，引导学生崇尚劳动、尊重劳动、热爱劳动，能够真正成为新时代的辛勤劳动者。习近平总书记的这一论述"从国家战略方针的高度对劳动教育育人铸魂的重要作用给予肯定，是新时代党和国家优先发展教育的理性自觉，也是劳动教育自身价值新的诠释"[1]，是对马克思劳动教育理论的继承和发展。

（二）构建"五育并举"的教育体系

从人的全面发展的高度看，劳动教育具有树德、增智、强体和育美的功能。苏联著名教育家苏霍姆林斯基[2]说过："没有单独

---

[1] 罗生全等：《中国劳动教育发展100年》，载《西南大学学报（社会科学版）》，2021年，第4期，第129~141页。
[2] 苏霍姆林斯基（1918—1970），苏联著名教育家、思想家和作家，被誉为"教育思想泰斗"。他认为学校的核心任务就是培养全面、和谐发展的合格公民和幸福个人，使学生在德、智、体、美、劳五个方面得到全面和谐发展，即"和谐教育"。

读书笔记

的智育，没有单独的德育，也没有单独的劳动教育。五育是一个紧密联系的辩证统一体，以德育为核心，共同服务于塑造全面发展的人才这一目标。""五育"作为促进人的全面发展的紧密联系的整体，各要素之间具有相互影响、相互促进的作用。一是以劳树德。勤劳是中华民族几千年一以贯之的道德倡导，热爱劳动是中华民族兴国安邦、安身立命的根本。早在先秦时期注重农业生产、反对不劳而食的农家学派就产生了，春秋时期的管子认识到了劳动对于道德教化的重要意义，"仓廪实，则知礼节；衣食足，则知荣辱"。诸葛亮临终前以"静以修身，俭以养德"勉励教诲儿子；教育家朱柏庐用"一粥一饭，当思来之不易；半丝半缕，恒念物力维艰"诫勉子孙克勤克俭；"自强不息""厚德载物"是中华民族优秀的品德和重要的文化基因。二是以劳增智。恩格斯在《劳动在从猿到人转变过程中的作用》中指出，"劳动创造了人本身"。人类在劳动中获得认识世界和改造世界的能力，创造了衣食住行等生产生活资料。代表中国古代科技高峰的农医天算，被马克思盛赞的火药、指南针、印刷术、造纸术等无一不是劳动人民智慧的结晶。同样地，中国特色社会主义建设和中华民族伟大复兴的中国梦，也必须要靠我们脚踏实地地劳动来实现。三是以劳强体。马克思主义认为，劳动不仅创造了人类的物质财富和精神财富，在未来共产主义社会，劳动"本身成了生活的第一需要"。劳动不仅可以收获物质财富和精神财富，还能收到增强体质、增进健康的效果。"身体是革命的本钱"，只有拥有了强健的体魄，才能谈得上努力、奋斗与拼搏，也才可能最终取得优异的成绩。四是以劳育美。劳动不仅创造美，还能带给人美感，使人获得精神上的自由和解放。马克思主义认为，人与动物的根本区别在于人懂得按照美的规律来创造。人类在劳动的过程中完成了从猿到人的转变，在劳动的前提下完成了从实用到审美的漫长演进。人类在劳动中塑造了美的身形，创造了美的事物，获得了美的感受，诚如德国诗人荷尔德林盛赞的那样，"劬劳功烈，然而诗意地，人栖居在大地上"。

（三）培养高素质综合性劳动人才

大学生劳动教育主要通过一些实践课、实操课或活动课来完成，因而无法帮助处于"拔节孕穗期"的大学生树立正确劳动观和劳动态度。很多大学生轻视体力劳动，甚至缺乏基本的生活自理能力，更有甚者缺乏勤劳节俭的道德品质和敢于拼搏、勇于创新的精神。部分大学生对于劳动的认识还比较单一。我国高校开展大学生实践教育多为参观学习、从事体力劳动的形式，诸如清扫校园、勤工俭学等，缺乏对劳动的正确认识，劳动能力不能得到有效发挥，更缺乏劳动情感和劳动热情。大学生作为即将步入社会的青年，需要具备综合的素质和从事复杂劳动的能力。劳动教育不应只着眼于简单具体的生活劳动，而应符合大学生身心成长规律，强调复杂性、创新性劳动教育。

新时代大学生劳动教育的发生与发展有其历史渊源，其既是对马克思主义劳动教育思想的继承，也是对中华民族优秀美德的弘扬。新时代劳动教育是中国特色社会主义教育体系的重要组成部分，具有重大的育人价值。开展大学生劳动教育的目的是要培养大学生树立正确的劳动观，养成良好的劳动习惯，珍惜劳动成果，热爱劳动人民，成为德智体美劳全面发展的、能够担当民族复兴大任的社会主义事业的高素质综合性建设者和接班人。

二、新时代大学生劳动教育的内容与目标

（一）新时代大学生劳动教育的内容

坚持立德树人，着力培养担当民族复兴大任的时代新人是新时代劳动教育的指导思想，而劳动教育是当前我国教育体系中的短

板。为此，2019年7月，中共中央、国务院出台《关于深化教育教学改革全面提高义务教育质量的意见》，该意见首次以中央文件的形式提出要构建德智体美劳全面发展的教育体系。2020年3月，中共中央、国务院又出台《关于全面加强新时代大中小学劳动教育的意见》，对构建德智体美劳全面培养的教育体系进行系统设计和全面部署。2020年7月，教育部关于印发《大中小学劳动教育指导纲要（试行）》。这三份文件为新时代开展大学生劳动教育指明了方向，明确了内容，提供了具体指导。

根据《大中小学劳动教育指导纲要（试行）》要求，新时代开展大学生劳动教育应充分考虑青少年成长规律，注重劳动教育的衔接，突出不同青少年不同成长期劳动教育的内容。从总体上看，新时代大学生劳动教育主要涉及"日常生活劳动、生产性劳动和服务性劳动中的知识、技能与价值观"。

一是日常生活劳动教育。主要立足个人生活事务的处理，结合学校开展的形式多样的劳动实践，培养大学生形成良好的卫生习惯和生活自理能力。

二是生产性劳动教育。让大学生参与工农业包括科技创新方面的生产实践，从中体味劳动创造价值的真谛，体验从简单劳动、原始劳动向复杂劳动、创造性劳动的发展过程；学会使用工具，掌握相关技术，增强产品质量意识，体会平凡劳动中的伟大之处。

三是服务性劳动教育。让学生认识到服务性岗位的重要性，利用所学知识、技能为他人和社会提供服务，通过见习实习树立服务意识，增强服务技能；在公益劳动、志愿服务中强化社会责任感。

（二）新时代大学生劳动教育的目标

习近平总书记指出："人世间的美好梦想，只有通过诚实劳动才能实现；发展中的各种难题，只有通过诚实劳动才能破解；生命里的一切辉煌，只有通过诚实劳动才能铸就。"[1]新时代大学生劳动教育的目标就是要学生明知"劳动创造幸福，实干成就伟业"的道理，成为能担当民族复兴大任的时代新人。

《关于全面加强新时代大中小学劳动教育的意见》提出了大中小学劳动教育的总体目标：通过劳动教育，使学生能够理解和形成马克思主义劳动观，牢固树立劳动最光荣、劳动最崇高、劳动最伟大、劳动最美丽的观念；体会劳动创造美好生活，体认劳动不分贵贱，热爱劳动，尊重普通劳动者，培养勤俭、奋斗、创新、奉献的劳动精神；具备满足生存发展需要的基本劳动能力，形成良好劳动习惯。从知情意行的素质教育目标来看，大学生劳动教育目标需要从认知、情感、能力和践行四个层面予以落实。

1. 认知目标

开展大学生劳动教育能帮助大学生树立正确的劳动观念，认识劳动创造价值、创造财富、创造幸福的道理，肯定劳动是推动人类社会发展的根本力量。

2. 情感目标

培养尊重劳动、尊重普通劳动者的朴素情感，培育积极的劳动精神。牢固树立劳动最光荣、劳动最崇高、劳动最伟大、劳动最美丽的思想观念。继承中华民族热爱劳动、勤俭节约、敬业奉献的优良传统，弘扬勤俭、奋斗、创新、奉献的劳动精神。

3. 能力目标

具备满足生存发展需要的基本劳动知识和劳动技能，具备完成一定劳动任务所需要的设计、操作能力及团队合作能力，为从事复杂性、创新性劳动奠定坚实的基础。

---

[1] 中共中央宣传部：《习近平总书记系列重要讲话读本》，北京：学习出版社，人民出版社，2016年，第14页。

4. 践行目标

养成良好的劳动习惯和品质，能够自觉自愿、认真负责、安全规范、坚持不懈地参与劳动。珍惜劳动成果，将诚实守信、吃苦耐劳、勇于创新的劳动品质外化于行。

二、新时代开展大学生劳动教育的路径

根据教育部印发的《大中小学劳动教育指导纲要（试行）》文件精神，新时代应将劳动教育纳入人才培养全过程，丰富和拓展劳动教育的实施途径。为此，文件要求从开设劳动教育课程、与专业课程结合、安排劳动实践和强化校园劳动文化四个方面着手开展劳动教育。

（一）独立开设劳动教育必修课程

普通高校的劳动教育课程应纳入人才培养方案，整个本科阶段不少于32学时，可以在已有课程中专设劳动教育模块或专门开设劳动教育专题课程，内容上应加强马克思主义劳动观教育，普及与大学生职业发展密切相关的通用劳动知识，增强大学生劳动体验。

（二）在学科专业中有机渗透劳动教育

普通高等学校的劳动教育应进一步强化马克思主义劳动观教育、与劳动相关的法律法规及政策教育。将劳动教育有机纳入专业教育、创新创业教育，不断深化产教融合，加强高等学校与企业协同创新，为人才培养拓宽渠道、将专业类课程与服务学习、实习实训、科学实验、社会实践和毕业设计等相结合，开展各类劳动实践，强化大学生劳动品质培养。

（三）在课外校外活动中安排劳动实践

大学生劳动教育应与学生的个人生活、校园生活和社会生活有机结合起来，丰富劳动体验，提高劳动能力，深化对劳动价值的理解。学校可每学年设立劳动周或劳动月，采用专题讲座、主题演

讲、劳动技能竞赛、劳动成果展示、劳动项目实践等形式开展劳动学习活动和实践教育；可在学年内或寒暑假中适当安排以集体劳动为主的校外劳动实践活动。

（四）在校园文化建设中强化劳动文化

大学生劳动教育应将劳动习惯、劳动品质的养成教育融入校园文化建设之中。可通过制定劳动公约、每日劳动常规、学期劳动清单等开展多种形式的劳动活动，结合学雷锋纪念日、"五一"劳动节等开展丰富的劳动主题教育活动，营造劳动光荣的校园氛围。通过举办"劳模大讲堂""大国工匠进校园"、优秀毕业生报告会等劳动榜样人物进校园活动，着力弘扬劳模精神和工匠精神，大力宣传"社会主义是干出来的，新时代是干出来的""实干才能梦想成真"等价值理念，营造崇尚劳动、尊重劳动的校园文化氛围。

扩展阅读

回忆我的母亲[①]

朱 德

得到母亲去世的消息，我很悲痛。我爱我母亲，特别是她勤劳一生，很多事情是值得我永远回忆的。

我家是佃农。祖籍广东韶关，客籍人，在"湖广填四川"时迁移四川仪陇县马鞍场。世代为地主耕种，家境是贫苦的，和我们来往的朋友也都是老老实实的贫苦农民。

母亲一共生了十三个儿女。因为家境贫穷，无法全部养活，只留下了八个，以后再生下的被迫溺死了。这在母亲心里是多么惨痛

[①] 张大可主编：《气贯长虹——散文选》，北京：中共中央党校出版社，1995年，第191～194页。有删改。

读书笔记

悲哀和无可奈何的事情啊！母亲把八个孩子一手养大成人。可是她的时间大半被家务和耕种占去了，没法多照顾孩子，只好让孩子们在地里爬着。

母亲是个好劳动。从我能记忆时起，总是天不亮就起床。全家二十多口人，妇女们轮班煮饭，轮到就煮一年。母亲把饭煮了，还要种田，种菜，喂猪，养蚕，纺棉花。因为她身体高大结实，还能挑水挑粪。

母亲这样地整日劳碌着。我到四五岁时就很自然地在旁边帮她的忙，到八九岁时就不但能挑能背，还会种地了。记得那时我从私塾回家，常见母亲在灶上汗流满面地烧饭，我就悄悄把书一放，挑水或放牛去了。有的季节里，我上午读书，下午种地；一到农忙，便整日在地里跟着母亲劳动。这个时期母亲教给我许多生产知识。

佃户家庭的生活自然是艰苦的，可是由于母亲的聪明能干，也勉强过得下去。我们用桐子榨油来点灯，吃的是豌豆饭、菜饭、红薯饭、杂粮饭，把菜籽榨出的油放在饭里做调料。这类地主富人家看也不看的饭食，母亲却能做得使一家人吃起来有滋味。赶上丰年，才能缝上一些新衣服，衣服也是自己生产出来的。母亲亲手纺出线，请人织成布，染了颜色，我们叫它"家"。

勤劳的家庭是有规律有组织的。我的祖父是一个中国标本式的农民，到八九十岁还非耕田不可，不耕田就会害病，直到临死前不久还在地里劳动。祖母是家庭的组织者，一切生产事务由她管理分派，每年除夕就分派好一年的工作。每天天还没亮，母亲就第一个起身，接着听见祖父起来的声音，接着大家都离开床铺，喂猪的喂猪，砍柴的砍柴，挑水的挑水。母亲在家庭里极能任劳任怨。她性格和蔼，没有打骂过我们，也没有同任何人吵过架。因此，虽然在这样的大家庭里，长幼、伯叔、妯娌相处都很和睦。母亲同情贫苦的人——这是朴素的阶级意识，虽然自己不富裕，还周济和照顾比自己更穷的亲戚。她自己是很节省的。父亲有时吸点旱烟，喝点酒；母亲管束着我们，不允许我们染上一点。母亲那种勤劳俭朴的习惯，母亲那种宽厚仁慈的态度，至今还在我心中留有深刻的印象。

但是灾难不因为中国农民的和平就不降临到他们身上。庚子年（一九〇〇）前后，四川连年旱灾，很多的农民饥饿、破产，不得不成群结队地去"吃大户"。我亲眼见到，六七百穿得破破烂烂的农民和他们的妻子儿女被所谓官兵一阵凶杀毒打，血溅四五十里，哭声动天。在这样的年月里，我家也遭受更多的困难，仅仅吃些小菜叶、高粱，通年没吃过白米。特别是乙未（一八九五）那一年，地主欺压佃户，要在租种的地上加租子，因为办不到，就趁大年除夕，威胁着我家要退佃，逼着我们搬家。在悲惨的情况下，我们一家人哭泣着连夜分散。从此我家被迫分两处住下。人手少了，又遇天灾，庄稼没收成，这是我家最悲惨的一次遭遇。母亲没有灰心，她对穷苦农民的同情和对为富不仁者的反感却更强烈了。母亲沉痛的三言两语的诉说以及我亲眼见到的许多不平事实，启发了我幼年时期反抗压迫追求光明的思想，使我决心寻找新的生活。

我不久就离开母亲，因为我读书了。我是一个佃农家庭的子弟，本来是没有钱读书的。那时乡间豪绅地主的欺压，衙门差役的横蛮，逼得母亲和父亲决心节衣缩食培养出一个读书人来"支撑门户"。我念过私塾，光绪三十一年（一九〇五）考了科举，以后又到更远的顺庆和成都去读书。这个时候的学费都是东挪西借来的，总共用了二百多块钱，直到我后来当护国军旅长时才还清。

光绪三十四年（一九〇八）我从成都回来，在仪陇县办高等小学，一年回家两三次去看母亲。那时新旧思想冲突得很厉害。我们抱了科学民主的思想，想在家乡做点事情，守旧的豪绅们便出来反对我们。我决心瞒着母亲离开家乡，远走云南，参加新军和同盟

读书笔记

会。我到云南后，从家信中知道，我母亲对我这一举动不但不反对，还给我许多慰勉。

从宣统元年（一九〇九）到现在，我再没有回过一次家，只在民国八年（一九一九）我曾经把父亲和母亲接出来。但是他俩劳动惯了，离开土地就不舒服，所以还是回了家。父亲就在回家途中死了。母亲回家继续劳动，一直到最后。

中国革命继续向前发展，我的思想也继续向前发展。当我发现了中国革命的正确道路时，我便加入了中国共产党。大革命失败了，我和家庭完全隔绝了。母亲就靠那三十亩地独立支持一家人的生活。抗战以后，我才能和家里通信。母亲知道我所做的事业，她期望着中国民族解放的成功。她知道我们党的困难，依然在家里过着勤苦的农妇生活。七年中间，我曾寄回几百元钱和几张自己的照片给母亲。母亲年老了，但她永远想念着我，如同我永远想念着她一样。去年收到侄儿的来信说："祖母今年已有八十五岁，精神不如昨年之健康，饮食起居亦不如前，甚望见你一面，聊叙别后情景。"但我献身于民族抗战事业，竟未能报答母亲的希望。

母亲最大的特点是一生不曾脱离过劳动。母亲生我前一分钟还在灶上煮饭。虽到老年，仍然热爱生产。去年另一封外甥的家信中说："外祖母大人因年老关系，今年不比往年健康，但仍不辍劳作，尤喜纺棉。"

我应该感谢母亲，她教给我与困难作斗争的经验。我在家庭中已经饱尝艰苦，这使我在三十多年的军事生活和革命生活中再没感到过困难，没被困难吓倒。母亲又给我一个强健的身体，一个勤劳的习惯，使我从来没感到过劳累。

我应该感谢母亲，她教给我生产的知识和革命的意志，鼓励我以后走上革命的道路。在这条路上，我一天比一天更加认识：只有这种知识，这种意志，才是世界上最可宝贵的财产。

母亲现在离我而去了,我将永不能再见她一面了,这个哀痛是无法补救的。母亲是一个平凡的人,她只是中国千百万劳动人民中的一员,但是,正是这千百万人创造了和创造着中国的历史。我用什么方法来报答母亲的深恩呢?我将继续尽忠于我们的民族和人民,尽忠于我们的民族和人民的希望——中国共产党,使和母亲同样生活着的人能够过快乐的生活。这是我能做到的,一定能做到的。

愿母亲在地下安息!

专题一　劳动是创造价值的唯一源泉

光荣属于每一个劳动者——写在"五一"国际劳动节[①]

中国梦,劳动美。正是劳动,让我们今天得以无比接近中华民族伟大复兴的目标。天舟与天宫"握手"太空,国产大飞机和航空母舰闪亮登场,雄安新区和北京城市副中心蓝图初绘,这些美好场景无不起始于辛勤、诚实、富于创造性的劳动。25年如一日勘察发现巨型钼矿,攻克技术瓶颈推进汽车制造国产化,钻研动车疑难故障成就"活的百科全书",一个个全国五一劳动奖和全国工人先锋号获奖群体的事迹,让无数人感受到榜样的力量、精神的光辉。中华大地上,千千万万劳动者以高度的主人翁责任感、卓越的劳动创造、忘我的拼搏奉献,在平凡岗位上做出了不平凡的业绩,更在民族复兴的伟大征程中成就人生价值,书写无上荣光。

劳动是一切成功的必由之路,劳动是创造价值的唯一源泉。纵观国际格局,一个国家的发展能否抢占先机、赢得主动,越来越

[①] 人民日报2017年5月1日社评。

读书笔记

取决于国民素质特别是劳动者素质。放眼国内大势,落实新发展理念,推进供给侧结构性改革,实施创新驱动发展战略,孕育一支宏大的高素质产业工人队伍至关重要。改革发展召唤知识型、技术型、创新型高素质劳动者,社会进步也需要劳动精神、工匠精神、创新意识的引领带动。学习新知识、掌握新技能、增长新本领,在推进供给侧结构性改革中发挥主力军作用,工人阶级和劳动群众就能奏响"劳动光荣、创造伟大"的时代之歌,谱写劳动托举中国梦的新篇章。

劳动和创造,离不开知识的浸润。我们身处的时代,知识经济以前所未有的力度重塑着劳动形态和劳动观念,张扬人才价值、重视知识创新是时代的要求。在冲刺全面建成小康社会的关键一程上,我们比以往更加需要知识和知识分子;知识分子、技工技师、海归人才等各类人才也比以往拥有更加宽阔的舞台。广纳英才,汇聚众志,实干为先,加快形成有利于干事创业的体制机制,让各类人才把才华和能量充分释放出来,决战决胜全面小康就能早日成为现实。广大知识分子胸怀大局、心有大我,多为推进党和人民事业发展献计出力,多面向经济社会发展主战场、面向人民群众新需求创新攻关,必能在时代的洪流中绽放人生的华彩。

劳动和创造,最需要制度的呵护。党的十八大以来,以习近平同志为核心的党中央心系广大工人阶级与劳动群众的生产生活和职业发展情况,高度重视解决职工群众最关心、最直接、最现实的利益问题。从围绕收入、健康、休息等劳动者切身权益深化改革,到实施积极的就业创业政策托底民生保障,党和国家的政策关怀,鼓舞着亿万劳动者向着梦想实干奋进。去产能、去库存、去杠杆、降成本、补短板,深化供给侧结构性改革,实现产业转型升级,我们必然面临调整的阵痛、成长的烦恼。越是这样的时候,越需要我们更好坚持以人民为中心的发展思想,结合时代特点和现实要求,把全心全意依靠工人阶级的方针真正落实好，努力做好职工的思想引导、转岗安置、就业培训等工作，确保分流职工就业有出路、生活有保障，致力建构和谐劳动关系，捍卫劳动者的尊严。

每一滴汗水都折射太阳的光芒，每一次付出都照亮梦想的天空。全面建成小康社会，每一个劳动者都是主角。尊重劳动、尊重知识、尊重人才、尊重创造，焕发实干兴邦的劳动热情和创造激情，我们一定能用勤劳的双手创造属于自己的幸福和光荣。

【思考】

1. 毛泽东、邓小平、习近平等同志分别对劳动教育做了哪些阐述？

2. 列举反映我国不同历史时期劳动精神的事例，并谈谈你的认识。

专题二 勤劳是中华民族优良的传统美德

张衡说过"人生在勤，不索何获"。中华民族历来重视培养勤劳美德，并将之看成修身、齐家和治国的重要途径。进入新时代，我们更应树立正确的劳动价值观，弘扬勤劳美德，创造美好生活。

勤劳是中华民族千百年来的传统美德。中华民族向来肯定和赞美勤劳这一美德。中国古代一直有很多歌颂勤劳的神话、美文、诗歌……如因高山阻路而辛勤移山的愚公，因"达人所之未达，探人所之未知"而为中国地理研究增添浓墨重彩的徐霞客等，无一不在勉励人们要勤劳勇敢、自强不息。

勤劳是古代人民创造的基本力量。中华儿女勤劳不懈，用双手创造了历史，创造了文明，创造了幸福。在勤劳奋斗的理念下，中华民族拧成一股绳，发挥聪明才智，在农业、手工业、建筑、科技、天文地理等领域创造了辉煌的成就。瓷器、火药、万里长城、都江堰、大运河和榫卯结构等，无一不凝聚了劳动人民的智慧和汗水。

勤劳是新时代实现"中国梦"的精神力量。新时代，中国特色社会主义事业发展迎来新的篇章，中华民族也迎来了站起来、富起来、强起来的历史飞跃。这场"勤劳革命"，是中国人民将不可能变成可能的体现。每个中国人在自己的工作岗位上勤劳奋斗、兢兢业业，以自己默默奋斗的方式为中华民族的伟大复兴的中国梦的实现贡献自己的力量。

【思考】
1. 如何理解新时代劳动教育的基本内涵？
2. 新时代的大学生应如何树立正确的劳动观念？

第二章　劳模精神和工匠精神

2020年11月24日，习近平总书记在表彰全国劳动模范和先进工作者大会上的重要讲话中强调，劳模精神、劳动精神、工匠精神是以爱国主义为核心的民族精神和以改革创新为核心的时代精神的生动体现，是鼓舞全党全国各族人民风雨无阻、勇敢前进的强大精神动力。对于承载着时代新人成才期望的大学生而言，理解并践行劳模精神与工匠精神，是当代大学生应有的思想觉悟与行为筹备。

第一节　劳模精神

中华民族向来以勤劳而著称，劳模精神集中体现了中华民族各行各业所涌现出来的优秀人物的奋斗与奉献精神，而劳模精神也在时代发展演绎中有了独特的理论内涵。

一、劳模精神的概念

"劳模"是劳动模范的简称，是工人阶级的优秀代表，是民族和社会的精英，是国家的栋梁、人民的楷模。国家评选劳模的目的在于鼓励全国人民向劳模学习，为国家争光。①劳模不仅仅象征着

---

① 赵如林主编：《中国市场经济学大辞典》，北京：中国经济出版社，2019年，第653页。

荣誉,更是全国劳动人民学习的榜样。

劳模精神是劳动模范在岗位上做出不平凡业绩所坚持坚守的基本信念、价值追求、人生境界和其展现出的整体精神风貌。习近平总书记指出:"劳动模范身上体现的'爱岗敬业、争创一流、艰苦奋斗、勇于创新,淡泊名利、甘于奉献'的劳模精神,是伟大时代精神的生动体现。"劳模精神的形成有其独特的演绎过程,在国家不同时期的发展历程中,其展现出的表征不尽相同,理解新时代劳模精神的具体含义与标准,其前提是对我国劳模精神的演绎历程有大致的把握。

根据党和国家在不同时期的实践侧重,可以将劳模精神内涵的演化划分为五个阶段:

第一个阶段是中华人民共和国成立之前,可将其视为劳模精神的内涵孕育期。我们党向来重视对劳模的培育,"劳模最早诞生于土地革命战争时期中央苏区的公营企业和革命竞赛中,尔后出现在抗日战争时期的陕甘宁边区大生产运动和各项建设中"。①当时,为克服抗日根据地困难,"发展经济,保障供给",党领导陕甘宁边区人民开展了"增产立功运动"和"新劳动者运动"等活动,引

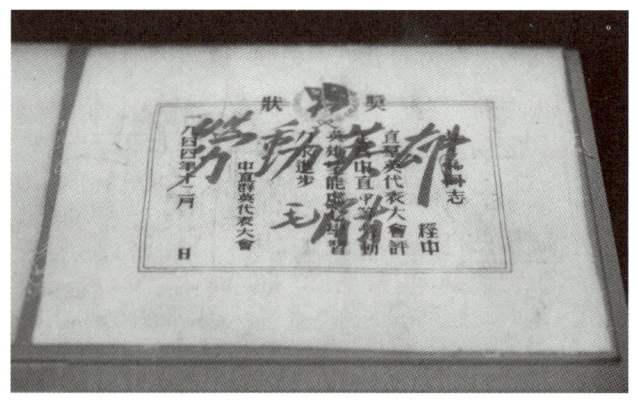

---
① 高爱娣:《弘扬劳模精神 发挥劳模作用》,载《工会博览》,2016年第5期,第27~29页。

导和鼓励边区人民争当新劳动者,为增产立功。解放战争时期又出现了许多服务前线的"支前劳模"与新迎来解放的城市的工业建设劳模等劳模人物。这一时期,劳模的评选不仅极大地调动了军民战斗、生产的积极性,劳动光荣的观念也在群众中被树立了起来。

第二个阶段是中华人民共和国成立初期,劳模精神初见轮廓。中华人民共和国成立初期,一方面百废待兴的国家建设迫切需要人民的奋斗,另一方面翻身做主人的群众,对于生产实践有着极大的热情和积极性。为了更好地推动社会主义建设,中国共产党总结经验,鼓励各行各业评选与表彰劳模。众多劳模如北京掏粪工人时传祥、技术能手倪志福、航运能手莫家人瑞等涌现出来。大量来自生产一线的"老黄牛"式的劳模不仅巩固了新生的人民政权,还鼓舞了国家建设的士气。

第三个阶段是社会主义建设时期,劳模精神得到发展。这一时期最显著的特征是以雷锋、焦裕禄、王进喜为代表的英雄模范的劳模精神,在全社会形成了前所未有的劳模榜样影响,集中展现了"只讲奉献、不求回报"的精神。在模范精神的鼓舞下,社会上涌现出了大量的劳动模范人物。一时间,学雷锋、学焦裕禄、学王进喜成为各行各业的时尚。在模范精神的引领下,国家的经济建设挺过一个个难关,人民的精神风貌也得到改善。

第四个阶段是改革开放时期,劳模精神趋于完善。为了实现社会主义现代化,在邓小平提出的"科学技术是第一生产力"重要论断的鼓舞下,一大批文化科教类的劳模进入大众视野,诸如数学家陈景润、两弹元勋邓稼先、微电子研究家罗建夫等;为西藏建设献身的孔繁森更是兑现了热血洒高原的誓言;一批平凡岗位上的劳模如售票员李素丽、水电工徐虎等也不断发扬着劳模精神。这一时期,劳模的队伍构成更为广泛,劳模精神的内涵也逐渐发展为"解放思想、开拓进取,知难而上、勇于创新,艰苦奋斗、求真务实,淡泊名利、无私奉献"。

第五个阶段是党的十九大以来，劳模精神发展成熟。为了满足人民对美好生活向往的需求，我党继承了崇尚劳动、弘扬劳模精神的传统。习近平总书记反复强调，在前进的道路上，我们要始终弘扬劳模精神、劳动精神，为中国经济、社会发展汇聚强大正能量。"爱岗敬业、争创一流，艰苦奋斗、勇于创新，淡泊名利、甘于奉献"的劳模精神，生动诠释了社会主义核心价值观，是我们的宝贵精神财富和强大的精神力量。而"爱岗敬业、争创一流，艰苦奋斗、勇于创新，淡泊名利、甘于奉献"24个字也成为新时代劳模精神的集中展示，成为新时代劳模精神的内涵与评价标准。

二、劳模精神的内涵

"爱岗敬业、争创一流，艰苦奋斗、勇于创新，淡泊名利、甘于奉献"不仅诠释了新时代劳模精神的丰富内涵，丰富了民族精神和时代精神，而且不断鼓舞着新时代的劳动者为实现两个一百年的奋斗目标奋勇前行。爱岗敬业表明劳动是劳模精神的源头，是劳模精神的基础；争创一流表明新时代劳模的硬核实力与革命精神，是劳模精神的灵魂；艰苦奋斗代表了实践中主体的精神状态与价值取向，是劳模精神的支持；勇于创新代表了实践的发展与革新，是劳模精神的核心；淡泊名利代表了劳动者的名利观与价值观，是劳模精神的崇高境界；甘于奉献代表了劳动者的为人民服务意识，是劳模精神的底色。

1. 爱岗敬业、争创一流

"爱岗敬业、争创一流"是劳模精神的本质特征。劳动模范是中国梦的领跑人。广大劳模发扬主人翁精神，用自身模范行为带动广大群众立足岗位、兢兢业业，以严谨认真的工作态度，高质量地完成岗位职责与组织使命，争创一流工作业绩。大庆"新铁人"

李新民，是一名中共党员，是中国石油大庆油田钻探工程公司鲁迈拉项目部副经理、哈法亚项目负责人兼DQ1205钻井队队长。参加工作后被分配在铁人王进喜带过的钢铁队伍1205钻井队的李新民，在2003年成为这支队伍的第十八任队长。在李新民担任队长期间，1205队钻井总进尺在全国率先突破了200万米，相当于钻透了226座珠穆朗玛峰，完美地阐释了"爱岗敬业、争创一流"的劳模品质。

2. 艰苦奋斗、勇于创新

"艰苦奋斗、勇于创新"是劳模精神的品质体现。劳动模范是辛勤劳动、创新劳动的实践者，他们解放思想、奋发图强、敢为人先，把自己先进的工作理念和技术技能传授给普通群众，带动广大群众拓展新视野、掌握新知识、增强新本领，为实现中国梦凝聚力量。中国一代代航天工作者艰苦奋斗、勇于创新，创造了卫星上天、载人航天、月球探测等一系列辉煌成就，将中国航天事业从无到有、从弱到强发展壮大。中国航天科工集团先后涌现出33位全国劳动模范，包括"两弹一星"元勋、扎根一线的院士、技能超群的工人发明家。中国航天事业人体现了锐意进取、奋发有为、善于创造创新的劳模精神。

3. 淡泊名利、甘于奉献

淡泊名利、甘于奉献是劳模精神的重要内容，体现了广大劳模任劳任怨、不计得失的模范行为及大公无私、不怕牺牲的高尚情操。当下，劳模的这种甘于寂寞、淡泊自守的豁达态度和精神境界仍需要我们学习和践行。三次被评为全国劳动模范的申纪兰，参加工作60多年来，没有离开过西沟村，没有离开过劳动岗位。申纪兰生活拮据，每年除了国家的一点补助和村里的几百元补贴外，她的收入主要来源于1亩4分责任田，其他贴补她一概不要。当村党总支副书记这么多年来，她也从没有报销过一分钱的差旅费。她对此有一个朴素的解释："党员干部的本色是啥？是劳动，是奉献，是服

读书笔记

务。"申纪兰的举动体现了劳模无私奉献的高尚品质,仍值得当代大学生学习。

总而言之,劳模精神是形成于中国共产党团结带领人民进行革命、建设和改革的历史时期的,以劳动模范群体的模范行为、优秀品格和高尚情操为基本内容,在全面建设社会主义现代化强国和中国特色社会主义进入新时代的历史实践中不断丰富与发展的先进思想及精神。劳模精神的实质和核心是强烈的主人翁意识与责任感,在平凡岗位上艰苦奋斗、无私奉献的精神。

二、践行劳模精神

劳动模范是劳动者中的典范,是劳动群体中的领头人。劳动模范不仅仅是荣誉的象征,更是全国人民,尤其是大学生学习的榜样。

作为民族精神和时代精神的集中体现,劳模精神在教育导向、爱国情怀、文化传承等方面,与社会主义核心价值观具有高度的一致性。弘扬和践行劳模精神,有利于引导大学生形成正确的劳动价值观,培养深厚的劳动情怀,成为全面发展的中国特色社会主义事业合格的建设者和接班人。中国特色社会主义伟大事业需要依靠一代代中国人的辛勤劳动、接续奋斗来实现。弘扬和践行劳模精神,用劳模的先进事迹和优秀品质感召大学生勤奋工作、勤勉为人,激励青年大学生用敢闯敢试的勇气、激荡自我的智慧勇做新时代的见证者、开创者和建设者,以饱满的奋斗热情、昂扬的拼搏斗志,争做新时代的奋斗者。劳模精神作为劳动模范共同的价值取向和行为准则,具有巨大的号召力和感染力,是规范大学生创新创业思想和行为的无形力量,是提升大学生创新创业能力和实践水平的强大动能。

劳模精神是中国工人阶级伟大品格的生动体现,是民族精神和时代精神的重要内容，是极为宝贵的精神财富。当代大学生要向劳模学习，努力践行劳模精神。

1. 爱岗敬业，提升专业技能

爱岗敬业就是指热爱本职工作，努力做到干一行爱一行。在工作岗位上严格要求自己，不断进取，争先创优；能够保持工作热情和严谨的工作作风；认真学习专业知识和技能，不断提升自我。只有爱岗敬业，才能在自己的工作岗位上兢兢业业，在平凡的岗位上做出不平凡的业绩。爱岗敬业是平凡的奉献精神，它是每个人都应该具备的，而且是可以做到的；爱岗敬业又是伟大的奉献精神，因为伟大出自平凡，没有平凡的爱岗敬业的领悟，就没有伟大的奉献。

2. 争创一流，发扬拼搏精神

争创一流是一种积极奋发的精神风貌，是一种凝心聚力的目标追求，是劳模精神的精华。争创一流即追求一流的技术水平，达到一流的工作效率，干出一流的工作业绩。正是劳模在行业领域内争创一流，因而创造了不凡的业绩，为社会作出贡献。大学生们要不断学习，不断进取，积极主动地工作和生活，将争创一流作为自我要求和目标，努力在青春之路上发光发热。

3. 艰苦奋斗，弘扬传统美德

艰苦奋斗，是党团结和带领人民实现国家富强、民族振兴的强大精神力量。国家革命、建设和改革的实践证明，毛泽东所号召并倡导的艰苦奋斗精神，对于激励全党、全国人民积极投身我国革命、建设和改革事业，克服困难、不懈奋斗，产生了巨大的作用。在物质层面，艰苦奋斗、甘于奉献要求人们合理消费、不铺张浪费。大学生要珍惜劳动创造的物质财富，自觉克服贪图享乐、追求安逸的思想。在精神层面，艰苦奋斗、甘于奉献要求人们具备不怕困难、锐意进取、奋发有为的思想觉悟和乐于奉献的品质。大学生在思想意识上要有正确的价值取向和立场，锤炼不畏困难、奋发有为的品质。只有勤劳肯干、勤学苦练，才能在学业上有所成，在专业内有所长，在成长中有所得，最终实现突破，为中华民族伟大复兴事业添砖加瓦。

第二节 工匠精神

"工匠精神"现已成为各行各业所关注的热词，其亦入选《咬文嚼字》公布的2016年十大流行语。

一、工匠精神的含义

理解工匠精神首先需要对工匠有基本的认知。"工匠"一词在中国古而有之。《庄子》有云："夫残朴以为器，工匠之罪也。"《隋书》也有"征天下工匠，纤微之巧"的记录。中国传统文化中对于工匠的理解多表述为"工巧""巧匠""工"等，代表器物制作方面心灵手巧或是拥有某些熟练技艺的群体。随着农耕经济的发展成熟，工匠们逐渐成为非农耕经济的重要劳动力。虽然他们的社会地位不高，但实质上成为古代社会的技术骨干。工种的特性和类别逐渐多样化，如按工种特性工匠可分为攻金之工、攻皮之工、攻木之工、博植之工等；按工种类别工匠可分为铁匠、木匠、皮匠、鞋匠等。在时代发展与技术进步的演绎下，工匠们的身影不止出现在日常生活用品或奢侈类的装饰品制作场景中，而且出现在大型的建筑、道路、水利等建设中。甚至可以说，城市的基本规划都是工匠们努力的结果。中华人民共和国成立之后，工匠们获得了人身自由，成为三百六十行里的手艺人。人民公社时期，木匠、雕匠、泥水匠、石匠、鞋匠等常见的手艺人有了专门的管理户籍，被称为"五匠人员"。而且随着商品经济的发展，工匠们的劳动得到了认可，获得了相应的回报。越来越多的青年愿意学手艺，成为工匠，而工匠也在时代的演绎中突破了普通手工艺人的角色。进入现代工业社会，随着手工艺向机械技艺以及智能技艺转换，传统手工工匠似乎远离了人们的生活，但这并不是说工匠消失了，而是意味着工匠以新的面貌出现了，即现代工业领域里的新型工匠，如机械技术工匠和智能技术工匠等。在我国从制造大国向智造大国的升级转换进程中，各行各业代表着高新工业水准和制造水准的技术精湛人员，成为中国的大国工匠，跃入人们的视野。

与此同时，工匠精神也在酝酿、形成、发展与传承中受到重视。习近平总书记致信祝贺首届全国职业技能大赛举办时，就表示要"大力弘扬劳模精神、劳动精神、工匠精神""培养更多高技能人才和大国工匠"。

新时代工匠精神有哪些内涵呢？习近平总书记指出，在长期实践中，我们培育形成了"执着专注、精益求精、一丝不苟、追求卓越的工匠精神"。习近平总书记的重要论述为我们勾勒出工匠精神的主要内涵。

一是执着专注。工匠以工艺专长造物，在专业的不断精进与突破中演绎着"能人所不能"的精湛技艺。实际上，得心应手的技能、巧夺天工的技术和出神入化的技艺，正来源于专注。工匠始于学徒、技工，应学会干实事、细事、小事。选择了某个行业，就应沉下来，干一行钻一行。要在一个领域精雕细琢、精耕细作，必须不忘初心、坚守理想，坐得了冷板凳，耐得住寂寞。

二是精益求精。工匠们练就了炉火纯青之技，成为行业"绝活"的创始人、传承者。在技术创新的各领域，有那么一群"隐形冠军"，他们瞄准细分市场，集中力量进入并成为领先者。中铁二局二公司隧道爆破高级技师彭祥华在软若豆腐般的岩层间进行准爆破，将误差控制在远小于规定的误差内；沪东中华造船公司焊工张冬伟手工焊缝长14公里、厚0.7毫米的内胆，先修"心境"而后达"技境"。人们常说"熟能生巧"，正是因为不断精益求精，所以能不断自我超越。

三是一丝不苟。工匠必须具有严谨的态度，必不能造伪器。每一项技术的研究开发与应用扩散，往往都具有严格的规程和标准，来不得半点马虎将就。就像拧螺丝这种简单的技术，拧几圈、回几圈以及施加多大扭矩都要严格遵守规定，否则就可能造成严重误差，给生产带来损失。"炮制虽繁必不敢省人工，品味虽贵必不敢减物力"。只有不放过任何一个细节，不忽视任何一个细微之处，一丝不苟、倾注匠心，才能造出巧夺天工的精品。

四是追求卓越。当技能达到一定水平后，根据边际报酬递减规律可知，持续以单一时间要素

投入获取的技能提升增量会逐渐下降。此时就要通过改变要素投入组合，改变其他投入要素的量，或者投入其他要素，实现工艺改造和产品创新。在数字经济时代，技术更新换代加快，技术生命周期呈现出新旧共性技术演绎创造性破坏的特征。正因为如此，弘扬工匠精神就要追求卓越、敢于创新，永不满足于现有水平，永不满足于当前的成绩，而要向更高、更好、更精的方向努力。

二、工匠精神与劳模精神的关系

工匠精神与劳模精神是一对辩证统一的概念。

首先，二者都是人民群众在长期社会实践中所创造出来的宝贵精神财富，是社会主义先进文化的构成部分，是激励全民族奋勇向前实现中国梦的精神动力。习近平总书记将工匠精神与劳模精神共同视为以爱国主义为核心的民族精神和以改革创新为核心的时代精神的生动体现，是鼓舞全党全国各族人民风雨无阻、勇敢前进的强大精神动力。在全面建成小康社会的过程中，我们需要引导群众学习并传承劳模精神与工匠精神，树立辛勤劳动、诚实劳动、创造性劳动的理念，营造劳动光荣的社会风尚和精益求精的敬业风气，让懂劳动、爱劳动、会劳动的观念深入人心。

其次，二者也存在一定的区别。一是二者的侧重点不同。工匠精神侧重于技艺层面的考量，是对劳动者严谨、精湛的专业技术能力的一种精神展示与评价。而劳模精神侧重于职业道德层面的考量，是对劳动者敬业、奉献的思想境界的一种精神展示与评价。二是二者的外化形式存在差异。工匠精神的外化形式可以直观地展现为优秀的物质成果，比如中国的高铁、5G信息技术的发展等都是大国工匠精神外化所产生的物质成果，受到百姓的普遍认可。而劳模精神不一定有十分直观的物质外化成果，它更多的是以劳模的人格化样板的形式展现出来，以整个劳动状态展示出来。

总而言之，对于当代大学生而言，既需要学习、传承"爱岗敬业、争创一流，艰苦奋斗、勇于创新，淡泊名利、甘于奉献"的劳模精神，又需要发扬"执着专注、精益求精、一丝不苟、追求卓越"的工匠精神，在劳动中成就精彩人生。

三、弘扬和践行工匠精神

2016年，政府工作报告首次提出"工匠精神"这一概念，提出"培育和弘扬工匠精神"，表明以持续改进、精益求精为主要特点的"工匠精神"的诉求已上升为国家意志和全民共识。2017年，党的十九大报告提出，"建设知识型、技能型、创新型劳动者大军，弘扬劳模精神和工匠精神，营造劳动光荣的社会风尚和精益求精的敬业风气"。

当前，我国正处在从工业大国向工业强国迈进的关键时期，弘扬和培育严谨认真、精益求精、追求完美的工匠精神，对于建设制造强国具有重要的意义。工匠精神不仅包含工匠这个职业本身所具备的价值取向，而且成为在社会中工作的任何人的行为追求。在"中国制造"向"中国创造"转变的背景下，当今的工匠有新的历史使命和重要责任，工匠精神也被赋予了更多的意义。

（一）工匠精神的时代价值

弘扬和践行工匠精神有利于培养大学生树立正确的价值观。高校立德树人的重要任务之一即是树立正确的价值观、培育和践行社会主义核心价值观。爱岗敬业、精益求精是社会主义核心价值观在公民个人层面的体现，具有正确的方向引领和价值导向功能。另外，国家富强、民族振兴和社会进步都离不开具体的劳动实践，离不开广大劳动者的积极进取、苦干实干和开拓创新。弘扬工匠精神，有利于大学生培养正确的价值观、劳动观和职业观，有利于形成尊重劳动、崇尚劳动、劳动光荣的社会风气。

弘扬和践行工匠精神有利于推动中国制造业前行。制造业是国民经济的主体，近年来我国制造业有了长足的发展，工业化和现代化进程加快，综合国力增强。但在自主创新、产业结构、信息化水平等方面存在短板，中国制造业仍需发展。为实现制造强国伟业，中国必须迎头赶上。大学生更要学习和践行工匠精神，将敬业、精益、专注、创新的精神融入学习、生活乃至工作中，为中国制造赢得未来。

弘扬和践行工匠精神有利于提升大学生职业素养。随着时代的发展，工匠的体力劳动或许会逐渐被机器所取代，但是"工匠精神"却不可能被取代。作为一个拥有"四大发明"的文明古国，我们今天弘扬"工匠精神"，不仅是对传统工匠技艺的传承，更是对一切职业精神的呼唤。而"工匠精神"不仅仅是对制造业和企业家的必然要求，更应该是各行各业每个工作者的事业追求与工作态度。

（二）工匠精神的养成途径

习近平总书记在2015年庆祝"五一"国际劳动节暨表彰全国劳动模范和先进工作者大会上指出，"一切劳动者，只要肯学肯干肯钻研，练就一身真本领，掌握一手好技术，就能立足岗位成长成才，就都能在劳动中发现广阔的天地，在劳动中体现价值、展现风采、感受快乐"。"工匠精神"的孕育和传承，先决条件是改变人们的观念，提升劳动的价值和劳动者的获得感，树立匠人匠心的价值观。"工匠精神"的价值观是一种深层次的文化形态，需要在长期的价值激励中慢慢形成。培育"工匠精神"应循序渐进，应整合政府、企业和社会的多方力量从根本处入手。

建立科学的职业认知。有什么样的理想就有什么样的行为。只有正确认识职业，才能坚定职业事业理想。只有对自己将来要从事的事业有正确的认知并坚守信念，干一行爱一行，我们才能在行业

读书笔记

领域中扎根深耕，在岗位上奉献自我，做出成绩。大学生要了解专业、职业及岗位，客观分析自我，确定职业目标，在一方天地里磨炼成长。

坚持实干和创新。工匠精神的培育离不开个人努力。培育工匠精神可以从个人兴趣出发，但更需要培养每一个劳动者建立"精益求精"的责任担当意识，并将这种意识落实到实际工作中，坚持苦干实干。工匠精神的培育离不开创新。创新一方面是工匠精神在行业职业中的体现，另一方面创新也有利于工匠精神的培养。二者相辅相成，共同为中国梦的实现贡献力量。

拓展阅读

胡双钱：只有"零差错"才能无可替代

1980年，从小热爱飞机的胡双钱进入上海飞机制造公司，被分配到了钳工工段工作。这对原本学习扳铆技术的胡双钱来说，是一个不小的挑战——专业不对口意味着他要付出更多的时间和努力，才能熟练地掌握这一技艺。然而他没有抱怨，而是怀着造飞机的梦想，坚决服从分配，在钳工岗位上一做就是30多年，经他手生产的零件被安装在上千架飞机上，创造了"零差错"的纪录。

"每个零件都关系着乘客的生命安全。确保质量，是我最大的职责。"核准、划线、钻导孔、打光……凭借着高度的责任意识，胡双钱在无数个日日夜夜里重复着这样的机械动作，近乎苛责地要求自己，只为不出一丝差错。一次，他在给飞机拧螺丝时走了神，晚上回想工作时总觉得心里不踏实，于是在凌晨三点骑自行车赶到单位，反复确认情况后，才放下心来。从此，胡双钱给自己定了个规矩，每做完一道程序，都要认真地看几秒再进入下一道程序："再忙也不缺这几秒，质量最重要！"

坚守岗位，精益求精，是匠人的职业道德；而心系祖国航空事业，不断提升技艺，更是大国工匠的风范。划线是钳工作业最基础的步骤，为了提升精细度，胡双钱发明了"对比检查法"和"反向验证法"，虽然增加了工作量，但却给零件加工增加了复查的机会，为加工的准确和质量的保障打下基础。

虽然荣誉加身，但胡双钱仍选择默默奉献在飞机制造一线，用匠人本心让自己成为无可替代的航空"手艺人"。谈及未来，胡双钱最大的愿望是："最好再干10年、20年，为中国大飞机多做一点。"

专题一 学习劳模精神 点亮青春梦想

中国版图上一颗小小螺丝钉

"很多边远地方都有像我这样的员工，条件比我更艰苦。这个荣誉不是我的，我是代表他们来领这个荣誉的。"广东省邮政公司珠海市分公司外伶仃岛邮政所投递员谢坚说。

谢坚人如其名，坚守岗位27年。27年来，他妥投疑难邮件3万多件，救活"死信"3000多封。

外伶仃岛因伶仃孤立而得名。其北距香港长洲6海里，是珠三角地区进出南太平洋的必经之地，也是南海要塞。

"海岛通信权到位，就是海岛主权到位。"谢坚道出了坚守27年的心声。

"前任邮递员干了20年直到退休，条件艰苦没有人愿意来接班。"谢坚坦言，接班之后才真正认识到岛上有多荒凉，生活有多艰苦，没水、没电，基本生活都没有保障。

读书笔记

物质条件越艰苦，越能凸显精神的富饶。本来有几次机会轮换回市区工作，但谢坚都放弃了。"以前我送电报，内容不是喜事，就是悲事。无论哪种，接报人大多会抱着我哭，对于伶仃岛的人来说，'家书抵万金'。"

谢坚说自己就是想干好本职工作，做一个中国版图上的小小螺丝钉。而在我们眼中，他更像是我国南海小岛上的一面旗帜。

【思考】

结合所学专业谈谈如何成为一名劳模？

专题二　传承工匠精神　成就精彩人生

周东红：连做梦都是在捞纸

著名国画家李可染曾说："没有好的宣纸，就做不出传世的好国画。"一张宣纸从投料到成纸，需要100多道工序，而决定宣纸好坏的就是捞纸这道工序，宣纸的好与坏、厚与薄、纹理和丝络就全在"捞"上。周东红就是一名手艺精湛、坚守岗位的宣纸捞纸大师。

1986年，周东红进入泾县宣纸厂做捞纸工。他每天起早贪黑进行练习，虚心向捞纸厂的老师傅们学习，渐渐掌握了捞纸技术。他还给自己制定了比每天要求的工作量再多50%的工作目标。常常凌晨1点起床，一天工作时间超过17个小时，手也因为长期浸泡在水中而脱皮溃烂。他做这一切，只为精益求精，提高产品的品质。

功夫不负有心人，周东红的捞纸技术不断提升，能稳定控制不同品种纸张的分量，正品率达到99%。他还被抽去捞制古艺宣、乾隆贡宣等高档宣纸。在自我提升的同时，周东红也将宣纸传统制作技艺的传承放在心上。他悉心培养徒弟，将经验倾囊相授，培养出一批优秀的传承人。

周东红还为捞纸技术的革新献计献策。在制作一种名为"扎花"的宣纸时，他几乎住在了厂里，没日没夜地进行试验，不仅梦里在捞纸，连生病打针时也不忘翻阅相关材料。在周东红眼里，复原传统宣纸制作手艺，守护中国宣纸文化是只能赶而不能等的大急事。

尽管被誉为"大国工匠"，周东红却说自己对"工匠"一词并不熟悉。他笑称："我只知道始终如一的专注、一丝不苟和精益求精。每天忙碌的目的也很单纯。只想让这门已经存在了千年的传统工艺一直传下去。"

【思考】

培育工匠精神，最重要的因素是什么？78%的网友认为是"社会形成风气"，剩下的依次是：制度进行保障、政府大力倡导、企业形成规范、职校加强教育、媒体加大宣传。对于工匠精神，不少网友都有自己独特的见解。有网友表示："我理解的工匠精神与工匠没什么直接关系，这是一个所有行业、所有工种都应该有的精神——老师琢磨好每一堂课，'码农'码好每一条代码，服务人员做好服务，甚至学生做好每一道题……工匠精神是一种适用于全民的精神。"

不少网友都认为，要实现工业强国，培育工匠精神很重要。但具体到实施中，高等院校该怎样培育工匠精神？网友投票最多的选项是"在专业教学中渗透"；其次是"融入校园文化"和"落实到校企合作中"，再次是"加强思政课教育"，也有一部分网友选择"其他"。

读书笔记

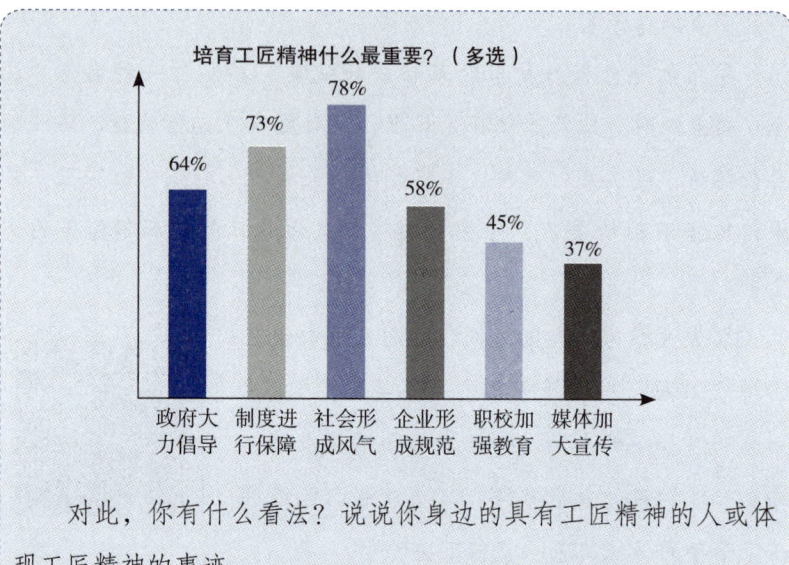

对此，你有什么看法？说说你身边的具有工匠精神的人或体现工匠精神的事迹。

第三章 劳动素养

第一节 劳动素养的概念和内涵要求

随着经济和社会的飞速发展,人才的力量日益凸显,而人才资源的素质取决于个体的劳动素养,个体劳动素养的高低则与国家的前途和民族的命运息息相关。

一、素养和劳动素养

1. **素养**

《汉书·李寻传》中提道:"马不伏历,不可以趋道;士不素养,不可以重国。"宋陆游《上殿札子》云:"气不素养,临事惶遽。"元刘祁《归潜志》云:"士气不可不素养。如明昌、泰和间,崇文养士,故一时士大夫,争以敢说敢为相尚。"郭沫若在《洪波曲》中说:"他虽然是一位经济学专家,而对于国学却有深湛的素养。""素养"一词由来已久,指一个人的修养,包括道德品质、外表形象、知识水平与能力等各个方面。"素养"概念是在"素质"概念的基础上发展而来的,并随着社会的发展,其内涵和外延逐渐扩展。它指个体在长期的教育和环境的影响下形成的某一

读书笔记

方面稳定的修养，包含知识、能力、态度和价值观，是人在知识、能力和态度三个层面的综合表现。

从古代至20世纪初，德行一直是人才"素养"的首要标准。教育先哲们认为，素养是集正义、智慧、勇敢于一体的。工业社会到来后，皮亚杰、麦克利兰等对素养的概念进行了新的思考，认为能力是素养的中心。随着信息时代的到来，素养的概念进一步发展，人们强调，培养能实现自我与社会和谐发展的高素质国民的基础是核心素养。2016年9月《中国学生发展核心素养》研究成果发布，将中国学生的核心素养划分为文化基础、自主发展和社会参与三个方面，包含人文底蕴、科学精神、学会学习、健康生活、责任担当、实践创新六大核心要素和18个基本要点。

《中国学生发展核心素养》总体框架

三个方面	六大核心素养	18个基本要点	具体内涵
文化基础	人文底蕴	人文积淀	具有古今中外人文领域基本知识和成果的积累；能理解和掌握人文思想中所蕴含的认识方法和实践方法等
		人文情怀	具有以人为本的意识；尊重、维护人的尊严和价值；能关心人的生存、发展和幸福等
		审美情趣	具有艺术知识、技能与方法方面的积累；能理解和尊重文化艺术的多样性，具有发现、感知、欣赏、评价美的意识和基本能力；具有健康的审美价值取向；具有艺术表达和创意表现的兴趣与意识，能在生活中发现美等
	科学精神	理性思维	崇尚真知，能理解和掌握基本的科学原理与方法；尊重事实和证据，有实证意识和严谨的求知态度；逻辑清晰，能运用科学的思维方式认识事物、解决问题和指导行为等
		批判质疑	具有问题意识；能独立思考、独立判断；思维缜密，能多角度、辩证地分析问题，做出选择和决定等
		勇于探究	具有好奇心和想象力；能不畏困难，有坚持不懈的探索精神；能大胆尝试，积极寻求有效的问题解决方法等

续表

三个方面	六大核心素养	18个基本要点	具体内涵
自主发展	学会学习	乐学善学	能正确认识和理解学习的价值，具有积极的学习态度和浓厚的学习兴趣；能养成良好的学习习惯，掌握适合自身的学习方法；能自主学习，具有终身学习的意识和能力等
		勤于反思	具有对自己的学习状态进行审视的意识和习惯，善于总结经验；能够根据不同情境和自身实际，选择或调整学习策略和方法等
		信息意识	能自觉、有效地获取、评估、鉴别、使用信息；具有数字化生存能力，主动适应"互联网+"等社会信息化发展趋势；具有网络伦理道德与信息安全意识等
	健康生活	珍爱生命	理解生命意义和人生价值；具有安全意识与自我保护能力；掌握适合自身的运动方法和技能，养成健康文明的行为习惯和生活方式等
		健全人格	具有积极的心理品质，自信自爱，坚韧乐观；有自制力，能调节和管理自己的情绪，具有抗挫折能力等
		自我管理	能正确认识与评估自我；依据自身个性和潜质选择合适的发展方向；合理分配和使用时间与精力；具有达成目标的持续行动力等
社会参与	责任担当	社会责任	自尊自律，文明礼貌；诚信友善，宽以待人；孝亲敬长，有感恩之心；热心公益和志愿服务，敬业奉献，具有团队意识和互助精神；能主动作为，履职尽责，对自我和他人负责；能明辨是非，具有规则与法治意识，积极履行公民义务，理性行使公民权利；崇尚自由平等，能维护社会公平正义；热爱并尊重自然，具有绿色生活方式和可持续发展理念及行动等
		国家认同	具有国家意识，了解国情历史，认同国民身份，能自觉捍卫国家主权、尊严和利益；具有文化自信，尊重中华民族的优秀文明成果，能传播弘扬中华优秀传统文化和社会主义先进文化；了解中国共产党的历史和光荣传统，具有热爱党、拥护党的意识和行动；理解、接受并自觉践行社会主义核心价值观，具有中国特色社会主义共同理想，有为实现中华民族伟大复兴的中国梦而不懈奋斗的信念和行动
		国际理解	具有全球意识和开放的心态，了解人类文明进程和世界发展动态；能尊重世界多元文化的多样性和差异性，积极参与跨文化交流；关注人类面临的全球性挑战，理解人类命运共同体的内涵与价值等

续表

三个方面	六大核心素养	18个基本要点	具体内涵
社会参与	实践创新	劳动意识	尊重劳动，具有积极的劳动态度和良好的劳动习惯；具有动手操作能力，掌握一定的劳动技能；在主动参加的家务劳动、生产劳动、公益活动和社会实践中，具有改进和创新劳动方式，提高劳动效率的意识；具有通过诚实合法劳动创造成功生活的意识和行动等
		问题解决	善于发现和提出问题；有解决问题的兴趣和热情；能依据特定情境和具体条件，制定合理的解决方案；具有在复杂环境中行动的能力等
		技术运用	理解技术与人类文明的有机联系，具有学习掌握技术的兴趣和意愿；具有工程思维，能将创意和方案转化为有形物品或能对已有物品进行改进与优化等

2. 劳动素养

"劳动素养"出自苏霍姆林斯基①。他认为劳动素养指经过生活和教育活动形成的与劳动有关的人的素养，包括劳动的价值观、劳动的知识和能力、劳动品德、劳动情感态度和劳动习惯等。他还认为劳动在一定程度上可以推进人的全面发展，提升人的总体素质，进而推动自身精神、道德的发展。劳动素养的概念自古代到当代、自西方到东方，经历了漫长的发展历程，其概念也尚未取得统一认知。古希腊的教育理念将理性作为生活的追求，把与技能和劳作相关的事情看成低级要素而不重视劳动和技能教育；我国古代也存在如"万般皆下品，唯有读书高"类似的观念。19世纪，马克思和恩格斯将劳动提升到一个新的高度，认为劳动教育包含与劳动相关的价值观和现代知识技能等方面的教育，劳动素养萌出新芽。

劳动素养不仅是新时代背景下党立德树人育人方针的具体要

---

① 瓦·阿·苏霍姆林斯基（1918—1970），全称瓦西里·亚历山德罗维奇·苏霍姆林斯基，苏联著名教育实践家和教育理论家。

求,也是学生核心素养框架体系中的关键成分。劳动素养是指个人能够从劳动的角度分析劳动问题且运用劳动技能解决问题的内在涵养,由劳动认知、劳动态度和劳动能力等组成。[①]

《中国学生发展核心素养》指出,劳动素养是实践创新核心素养的重要内容,强调学生要尊重劳动,培养良好的劳动习惯、劳动态度和劳动能力,还强调重视知识,发展价值观、态度和能力,以实现学生的全面发展。

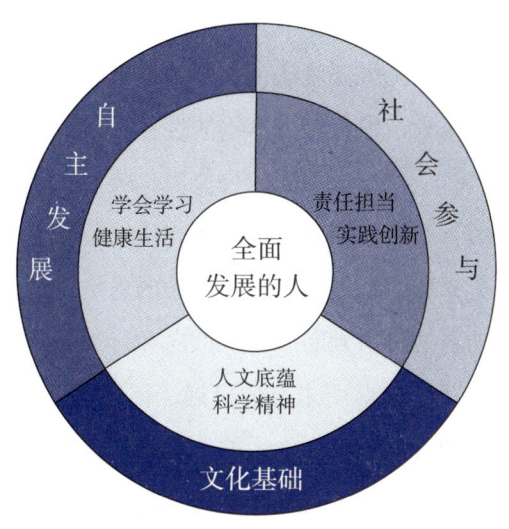

《中国学生发展核心素养》的框架体系

(中华人民共和国教育部学生发展核心素养研究协作组,2016年9月)

二、劳动素养内涵

苏霍姆林斯基提出"劳动素养"的"概念"。他认为,"劳动素养"的概念,"不仅包括完善实际技能和技巧,掌握技艺,而且包括劳动活动在人的精神生活中的作用和地位,包括劳动创造活动

---

① 朱忠义:《劳动教育与实践》,北京:北京理工大学出版社,2020年,第131页。

的智力充实性和完满性、道德丰富性和公民目的性。劳动素养还指一个人达到了这样的精神发展阶段：他感到缺少为大众谋福利的劳动就无法生活"。①劳动素养不只是指通过劳动实践而训练出来并掌握的劳动技能技巧，还指劳动实践背后的精神动力、劳动态度、劳动心理等，即劳动认知、劳动态度、劳动情感、劳动实践状态的概括。可依据劳动素养基本指标的成果，将劳动素养划分为劳动认知、劳动态度及劳动能力三个层面。

1. 劳动认知

认知是人们通过外界环境认识事物的过程，是对认识的事物进行加工，通过信息来认识和理解事物的过程。人们在这一过程中会产生不同的观点，从而形成不同的价值观。劳动认知是学生德智体美劳全面发展的重要组成部分。劳动素养认知层面主要体现在劳动价值观方面，劳动价值观是劳动者对劳动的思想认识、根本看法，它直接决定劳动者的价值判断、情感取向和行为抉择。高速发展的现代社会给大学生带来前所未有的机遇，但同时互联网+、机器智能以及一些错误的价值观对大学生的劳动认知产生了巨大的冲击，如对新时代劳动精神的理解把握不到位、对劳动的认知和行动存在"知行不一"的问题、缺乏正确的劳动习惯和劳动态度等。培养大学生形成正确的劳动价值观是有意义的，也是十分必要的。

劳动是人的存在方式。马克思和恩格斯在《德意志意识形态》中曾指出："可以根据意识、宗教或者随便别的什么来区别人和动物。一但人们开始生产自己的生活资料，即迈出由他们的肉体组织决定的这一步的时候，人本身就开始把自己和动物区别开来。"劳动是人所特有的活动，劳动的产生使人真正成为"人"。人通过劳动改造世界，获取生存和生活的物质资料。人还通过劳动体现人的

---

① 蔡汀等主编：《苏霍姆林斯基选集》（第1卷），北京：教育科学出版社，2001年，第226～227页。

社会性——人"是一切社会关系的总和",而社会关系是劳动的产物。人的劳动能产出一定的物质资料,还能产出相应的社会关系。

劳动创造价值和财富。现代社会已经基本认同社会的价值和财富都是由劳动创造的,劳动创造价值,人类财富的积累就是劳动不断投入的结果。劳动价值论的首创者洛克曾说:"如果说在有利于人生的土地产品中,十之九是劳动的结果,这不过是个极保守的计算"。马克思也指出劳动才是创造价值的唯一源泉。

劳动是一切幸福的源泉。没有劳动,人类的生存就是一个难题,发展以致获得幸福就更无从谈起。就个体而言,幸福生活也只能靠自己的双手去创造。不劳而获不但不现实,而且不会得到幸福。

劳动是人自由全面发展的途径。高校的根本任务就是立德树人,把学生培养成为德智体美劳全面发展的社会主义事业合格的建设者和接班人,从而能够担当起民族复兴的时代大任。教育带给大学生知识和品德,而劳动则给大学生带来历练、聪明才智和本领,在为人民服务、为社会奉献的过程中,最终成长成才,实现全面自由的发展。

2. 劳动态度

劳动态度是个体对劳动这一特定对象的总体评价和稳定性的反应倾向,反映个体对于劳动的心理状态,决定和影响着个体的劳动行为。劳动态度是积极的还是消极的,直接决定着劳动行为的发生、发展和变化。学生经过学习,参加劳动,进而学会热爱劳动、尊重劳动人民和珍惜劳动成果。

劳动热情。习近平总书记指出:"中华民族是勤于劳动、善于创造的民族。正是因为劳动创造,我们拥有了历史的辉煌;也正是因为劳动创造,我们拥有了今天的成就。"中华民族是一个勤劳的民族,有着热爱劳动的传统美德和勤于劳动的优良传统,向来重视对勤劳美德的培养,并将之看成修身、齐家和治国的重要途径。如

读书笔记

果一个人在成长的过程中没有经过劳动的磨炼，不但身心不能全面发展，走上社会也很难胜任工作、担当大任。

劳动习惯。习惯是逐步养成的一种一贯的、稳定的生活行为方式，体现为行为的经常性、反复性和自觉性，是行为者当然的自身需要。单次的行为并不能促使习惯形成，人们需要在长期重复的练习过程中养成良好的劳动习惯。良好的行为习惯是一个人成功的基础，正如人们所说："播种一种信念，收获一种行动；播种一种行动，收获一种习惯；播种一种习惯，收获一种性格；播种一种性格，收获一种命运。"

劳动习惯是人们在生产和生活劳动中，利用自身能力和各种劳动工具，在长期重复作用于劳动对象的过程中，逐渐养成的某种不易改变的行为或倾向。良好的劳动习惯建立在正确的劳动认知基础之上，同时又促进劳动情感的强化。劳动习惯在人的实践活动中具有重要作用，它促使人们在一定情况下自动、自愿地进行某种或某些劳动。有良好的劳动习惯的人，无论从事什么工作，无论处于什么岗位，无论在什么情况下，都会勤勤恳恳、兢兢业业。"每天都要到田里去"是袁隆平的生活写照，也是这位共和国勋章获得者劳动习惯的体现。2019年12月18日，杂交水稻之父、中国工程院院士、隆平高科名誉董事长袁隆平被授予"共和国勋章"。在启程去北京参加授奖仪式前，袁隆平还去田里查看了稻子的长势。参加完授奖仪式后，因为"明天还要到田里去"，他当天就返回了湖

南。正是这种十年如一日的劳动习惯促使袁隆平成功研究出杂交水稻"三系配套法",实现水稻亩产增产20%,实现杂交水稻亩产的历史性突破,为从根本上解决我国粮食自给难题作出了重大贡献。

新时代的大学生要以袁隆平为榜样,养成良好的劳动习惯,为自己的事业、人生发展以及中华民族的伟大复兴大业奠定良好的基础。大学生应注重培养以下几点好的劳动习惯。

①自己的事情自己做。能够自己整理内务,打扫房间;自己能够解决学习、生活中遇到的一般困难;合理规划学习和生活,安排好自己的学习、生活。

②家里的事情主动做。在家主动承担做饭、洗衣和打扫卫生等家务劳动,为家庭的公共事务做一些力所能及的事。

③别人的事情帮助做。当同学和朋友遇到困难时,能对他们伸出援助之手;结合自己所学的专业,积极参与身边的志愿公益服务活动,回报社会。

④集体的事情积极做。主动承担年级和班级的集体工作,同学之间团结互助;集体活动时听从安排,团结协作,共同完成劳动任务。

⑤遵守劳动纪律和规范。在劳动过程中必须遵守劳动纪律;从事专业劳动的过程中,要严格遵守各项操作规范和制度。

⑥做好劳动的安全防护。在劳动的过程中要注意观察防范安全隐患;集体劳动时要保持安全距离,不追逐打闹;正确使用劳动工具,做好安全防护。

⑦注重劳动质量和效率。能够合理地安排劳动计划和劳动时间;在确保安全的前提下,提高劳动效率,提升劳动成果质量。

⑧珍惜劳动成果。尊重劳动,尊重劳动人民;珍惜自己和他人的劳动成果,不破坏、不浪费,养成勤俭节约的好习惯。

劳动品质。劳动品质是指一定社会的劳动原则和规范在个人

读书笔记

思想与行为中的体现,是一个人在一贯的劳动心理和行为中表现出来的稳定的特征与倾向。劳动品质是一个综合性范畴,是由"劳动认知、劳动情感、劳动意志和劳动习惯"等众多要素构成的复杂系统,体现了劳动的伦理要求。它不仅指向大学生最终所要获得的具体劳动知识与技能,更是指向那些有助于获得知识与能力的正确认知、积极态度和良好行为倾向。辛勤劳动、诚实劳动和创造性劳动是习近平总书记对新时代劳动者的基本要求。

辛勤劳动。辛勤劳动是诚实劳动和创造性劳动的前提与基础。"一勤天下无难事""民生在勤,勤则不匮"。中国人一直信奉辛勤劳动观念,坚信幸福是靠自己的双手创造出来的。依靠勤劳和汗水开辟人生新境界,这是新时代大学生需要发扬的美德,当代大学生需要继承和发扬这一优秀品德。

诚实劳动是辛勤劳动的表现,也是创造性劳动的前提。诚实劳动是成就梦想的基石。只有依靠勤勤恳恳、踏踏实实的劳动,以诚实劳动引领社会风尚,把为社会发展而劳动作为应尽的职责和神圣的义务,才有可能创造美好生活、实现人生价值。诚实劳动是社会发展的动力。我国经济发展、社会进步,离不开无数诚实劳动者的辛苦劳动和忘我拼搏。天问升天、航母出海、经济总量稳居世界第二等巨大成就,无不一一证明了诚实劳动推动着社会的高度发展。

创造性劳动是辛勤劳动和诚实劳动的发展,也是劳动的核心和本质要求。新时代是创新的时代,大学生是创新发展的新生力量,其对大学生提出了"不仅有力量,还要有智慧、有技术、能发明、会创新"的要求。

3. 劳动能力

劳动能力主要是指个体能够在劳动实践中,通过自己的劳动发挥自身的技能、实践能力和创新能力。习近平总书记强调:"素质是立身之基,技能是立业之本。广大劳动群众要勤于学习,学文化、学科学、学各方面的知识，不断提高综合素质，练就过硬的本领。"

劳动技能。劳动技能是个体从事一定劳动所必须具备的知识、技术、技巧及综合运用这些知识、技术和技巧的能力，一般包括劳动技能和专门劳动技能。劳动技能本质上是人的劳动能力，包括人的体力能力、智力能力和心理能力。劳动技能能够对财富的创造起贡献作用，即是财富形成的源泉之一。劳动技能的形成与发挥受许多因素的影响，既包括个体的因素，也包括企业组织的因素；既包括企业内部的因素，也包括企业外部的环境因素。

实践能力。实践能力是指参与劳动实践活动、获得实践体验等活动中表现出来的能力。大学生的实践能力一般包括两方面：一是在校就读期间依照学校规定所完成的教学实践环节中所表现出来的能力。二是在校就读期间借助学校提供的条件或者自己与同学合作创造的条件，向社会生产、生活领域拓展所获得的和表现出来的能力。这些能力包括应用所学理论、知识完成学业，动脑动手进行实验，参加技能训练等的自主学习能力，以及拓展认知领域，获取新知识、新技能，完善知识结构和能力结构的初步能力，还有人际交流交往方面的能力。其还包括诸如参与社会主体（工人、农民、军人、科学家、教育家、企业家及其他阶层群体）改造自然，或变革社会的某些活动所获得的能力，或在已有基础上新增长的独立分析问题和解决问题的能力等。大学生参与社会实践是实现劳动教育的重要途径，有利于学生学习更多知识，在实践中增长见识，发展能力。

创新能力。创新能力是技术和各种实践活动不断提供的具有经济价值、社会价值、生态价值的新思想、新理论、新方法和新发明的能力。大学生创新能力是指学生善于发挥自身的创新意识和探究意识。作为知识传承和创新的中坚力量，大学生是新时代中国特色社会主义事业极为重要的智力支持，其学习驱动力影响着我国高等教育人才培养的质量和国家的创新能力。大学生通过劳动，可以不断学习新知识、新技能，在劳动的过程中保持好奇心，发挥热情，激发创新欲望，发展创新能力。

第二节 劳动素养的提升

一、大学生劳动素养存在的问题

习近平总书记在全国教育大会上强调，坚持中国特色社会主义教育发展道路，培养德智体美劳全面发展的社会主义建设者和接班人。苏霍姆林斯基也指出："一个人的和谐全面发展——富有教养、精神丰富、道德纯洁——所有这一切，只有当他不仅在智育、德育、美育和体育素养上，而且在劳动素养、劳动创造素养上达到较高阶段时，才能做到。"[①]

劳动素养是个人成长进步的基础素养，更是当代大学生综合素养的重要组成部分。一个有良好劳动素养的人，不仅要对劳动价值有正确认识及积极态度，还要娴熟地了解和掌握劳动知识与技能，并具有良好的劳动习惯。当前，大学生的劳动素养有一定的发展的同时，还应着力解决以下几个方面的问题。

1. 劳动认知有待提升

认知是态度和行为的基础，认知影响着态度和行为，态度和行为反过来也会对认知产生作用。对劳动拥有积极的认知，能够指导

[①] 《苏霍姆林斯基选集》（第4卷），北京：教育科学出版社，2001年，第452页。

大学生热爱劳动、尊重劳动、投身劳动。然而，由于受社会环境、成长背景和应试教育等因素的影响，当前大学生对劳动的认知普遍不足。劳动包含体力劳动和脑力劳动，但不少大学生将劳动简单地理解为体力劳动，片面地认为体力劳动等同于劳动的全部；也有一部分学生轻视体力劳动，认为从事体力劳动低人一等，对体力劳动者缺乏应有的尊重；部分大学生毕业后找不到满意的工作，宁愿在家"啃老"也不愿意从事一线工作。

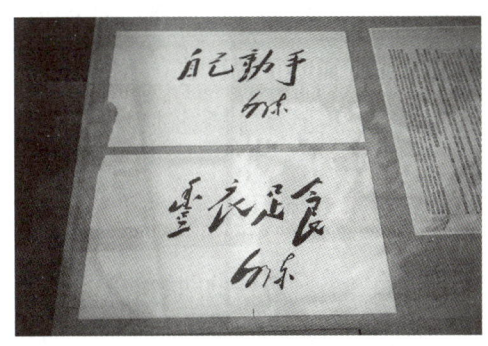

2. 劳动态度不够积极

认知影响态度。对劳动认知的不足，导致了部分大学生劳动意识淡薄、劳动态度不够端正。如有学生认为当下社会快速发展，人们生活水平提高，不需要辛勤劳动、艰苦奋斗，甚至认为劳动奉献是愚蠢的，进而依赖父母和社会不思进取，成为"啃老族""佛系青年"；部分学生劳动取向功利化，如为了在综合测评中获取学分或评奖评优而参加志愿服务以及社会实践活动，一旦认为得不到应有的回报，便选择逃避参加劳动。

3. 劳动品质有待改善

受劳动认知不足和劳动态度消极的影响，部分大学生没有形成良好的劳动品质。如有的学生崇尚享安逸，希望一夜暴富；有的学生意志脆弱，不能吃苦耐劳；有的学生铺张浪费、攀比享乐；有的学生不尊重他人劳动成果……

读书笔记

4. 劳动技能有待提高

随着我国高新技术的快速发展，先进技术及设备越来越多地出现在人们的生活中。如扫地机器人、洗衣机、洗碗机等家电的出现，虽解放了劳动者，但也让越来越多的人过度依赖科技，大学生尤其如此。部分大学生难以体验劳动所带来的快乐，从而不愿意劳动，个人劳动技能逐渐丧失。比如，中国自古以来是农业大国，虽然近年来的科技发展解放了农民，但也导致掌握耕种技术的人越来越少，年轻人不愿意种地；5G技术走进我们的生活，人们遇到问题时习惯于上网搜索答案，而不是进行独立思考，也不愿质疑；学生面对书本上的实验操作，更愿意直接通过手机获取答案。

二、大学生劳动素养问题成因

大学生劳动素养存在各种各样的问题的原因既涉及高校，也与社会、家庭和大学生自身有关。

1. 劳动教育的缺失

高考被视为社会选拔人才的第一扇门。在应试教育的环境下，无论学生是否全面发展，只要拥有好成绩似乎就意味着拥有一切。在这样的背景下，学生可用于劳动的时间就寥寥无几了。学校的劳动教育也存在体系不健全、师资力量不足、实践条件不佳等问题，导致大学生在校不能学习劳动知识与技能，劳动教育得不到贯彻实施。

2. 家庭教育的失衡

马卡连柯[①]曾指出，家长的言行对于一个孩子的教育来说是非常重要的。在家庭教育中，家长对孩子的教育是非常重要的。如今

---

① 马卡连柯（1888—1939），苏联社会工作者、教育理论家和作家。认为家庭和学校是教养儿童的最适当的场所，主张教育的首要原则是："尽可能多提要求，尽可能多予尊重。"

的大学生多为独生子女，家长对子女的溺爱导致部分学生养成了饭来张口、衣来伸手的恶习。调查显示，超过一半的家庭不让孩子做比较脏、累的活。父母及长辈的溺爱使很多大学生丧失了一些劳动技能，难以独自在社会生存立足。还有些家长认为学生应该把劳动的时间用来学习，只有学习才是唯一的和最重要的事。这些错误的观念和做法导致当代大学生缺乏认真负责、吃苦耐劳等良好的劳动态度及品质。

3. 不良社会风气的影响

社会的需求，是当代大学生在社会中生存时作出选择的风向标之一。如近年来，"网红""选秀"火爆，一夜成名的故事不断上演，对涉世未深的大学生产生误导。一些大学生认为不需要经过长期努力、积蓄力量，就可以获得成功。这非常容易淡化当代大学生脚踏实地的意识，不利于大学生形成正确的劳动观念和行为。另外，当下各种价值观相互碰撞，外来腐朽落后的思想涌入，不同利益主体在价值观认同上存在差异。一些人不再以劳动贡献作为价值目标，而单纯地以财富的获取作为价值目标。在错误的价值观的引导下，一些大学生形成了错误的劳动观念和行为。

4. 大学生自我认识和行为偏差

经过十多年的教育，大学生本应具备比较成熟的心智和良好的思想素质，能够认识到自己将要承担的社会责任，了解自己必须具备的劳动素质，并对自己的不足之处作出反省。但从实际来看，部分大学生还不够成熟，缺乏自主提高劳动素养的意识和能力，缺少自我反省、主动探索、自我激励、自我锻炼的主动性和积极性。这些都导致了大学生劳动素养不足。

三、大学生劳动素养提升路径

劳动是人类社会文明进步的源泉，劳动素养是大学生必备的基础素养。大学生劳动素养的高低，直接影响着其职业生涯和人生道路，影响着他们的世界观、人生观及价值观，甚至影响着国家和社会的发展。

1. 加强马克思主义劳动理论的学习

2018年"五一"国际劳动节前夕，习近平总书记表示，勉励全国劳动模范"珍惜荣誉、努力学习"，用"干劲、闯劲、钻劲鼓舞更多的人，激励广大劳动群众争做新时代的奋斗者"，强调"社会主义是干出来的，新时代也是干出来的"，重申"劳动最光荣、劳动最崇高、劳动最伟大、劳动最美丽"。号召"全社会都应该尊敬劳动模范、弘扬劳模精神"。劳动是马克思主义哲学、马克思主义政治经济学和科学社会主义中的理论枢纽，是马克思主义实践观、群众观、阶级观、发展观、矛盾观的基础。人通过劳动成为人，人通过劳动解放自己。只有深入理解、正确把握劳动内涵，才能真正理解和把握马克思主义理论是"人民实现自身解放的思想体系"。马克思通过深入研究和精湛阐发劳动及其规律，运用劳动这把"理解全部社会史的锁钥"认识历史、认识人类、认识世界，从而在"繁芜丛杂"的社会关系中揭示了人类社会发展的一般规律，指明了人类前进的基本方向。只有加强马克思主义劳动理论的学习，才能真正认识劳动，运用劳动"解锁"世界。大学生应自发利用课堂和课余时间学习马克思主义劳动理论，深刻理解马克思主义关于劳动创造人、劳动促进人的全面发展等观点，努力提高参加劳动实践、接受劳动锻炼的自觉性和主动性，学习新时代劳动教育的内涵和意义。

2. 加强自我教育，锻造劳动精神

著名教育家苏霍姆林斯基说过："没有自我教育就没有真正的教育。这样一个信念在我们的教师集体的创造性劳动中起着重大的作用。"德国教育家第斯多惠在《德国教师培养指南》中曾说：

"凡是不能自我发展、自我培养和自我教育的人,同样也不能发展、培养和教育别人。"大学生要学会提升自我修养,保持主动学习的精神。只有坚持主动学习,才能尽可能多地获取知识、培养自我,进行自我教育、自我反省、自我判断和自我提升。大学生应能充分认识到劳动素养对自身的作用,强化认知和提升劳动素养,在校主动学习劳动知识,培养正确的劳动观念;鼓励同伴共同学习劳动知识和参与劳动;了解劳模、改革先锋等的故事,不断弘扬和践行劳动精神。

3. 加强实践锻炼,提升劳动能力

劳动是一个实践的过程,因此劳动教育需要课堂教育与课外实践的有机统一。如果课堂教育与课外实践两张皮,甚至根本就没有课外实践,那么劳动教育则会陷入书本化、形式化的状况,这种纸上谈兵的做法也就难以有效培养大学生对劳动的认同感和敬畏心。大学生要积极参加校内劳动锻炼,参与校园卫生保洁,用自己的劳动营造整洁美丽的校园环境,让自己在"流自己的汗"的劳动实践中形成积极的劳动情怀。大学生要参加校外劳动实践,如志愿服务、公益活动以及社会实践等,发挥专业所长,在奉献社会的实践过程中与劳动人民多接触,加强对劳动人民的认识,培养热爱劳动人民的情感。大学生要利用劳动教育实践基地以及职业体验实践基地,在接地气的劳动体验课程中,进车间、下田野,通过学工学农实践发展自己,创造财富,收获幸福。总之,大学生要通过劳动实践,使自己充分感受劳动的乐趣,享受收获劳动成果的喜悦,养成吃苦耐劳的品质及独立担当的品格,进而形成尊重劳动、热爱劳动的真挚情感,提升劳动能力。总之,劳动教育的核心目标是劳动价值观的培育。大学生要加强对劳动的认识,改变对劳动的态度,培养对劳动的情感,树立尊崇劳动,热爱劳动的价值观,并养成良好的劳动习惯,获取劳动技能,提升劳动素养,为社会贡献力量。

拓展阅读

毛玉泉："火眼金睛"辨百草

今年45岁的毛玉泉担任中新药业药材公司中药材质量验收员一职已有20多年。凭借多年的勤劳、努力和钻研，毛玉泉在假冒伪劣药材辨别方面练就了一双"火眼金睛"。

毛玉泉说："我的工作就是每天对从全国各地采购进来的一麻袋一麻袋中药材进行取样、抽检，通过眼看、鼻嗅、口尝、手摸等方式，对药材大小、形状、颜色、质地、气味进行判断，给出优劣评级，并记录在册。"这份枯燥乏味的工作在毛玉泉看来却别具趣味。

"对中药材质量验收员来说，看植物药材，可以看到它们生长的情况；看动物药材，可以看到它们生存的状态；看矿物药材，可以看到它们埋在地下的情形。"对于毛玉泉来说，这份工作需要质检验收员反复对比查看药材的生长环境、生长条件以及采收情况，需要深入药材产区，实地考察植物、动物、矿物等药材的特质，以便能够牢牢把握鉴别标准。为此，毛玉泉和同事曾经远赴浙江丽水、杭州，对山茱萸进行实地调研和质量观测，发现高海拔、加工时阴干的山茱萸马钱苷的内在含量较高，从而解决了山茱萸同品种不同地理位置、同地理位置不同加工方法含量指标不稳定的问题。

在工作之余，毛玉泉每天都坚持看书学习，反复对照药材样品，不懂的就向师傅们虚心请教。当他再次见到验过的样品时，会有新的认识和收获。"在我的办公桌上、抽屉里、衣服口袋里，总是有各种各样的中药样品，有事没事就拿出来看看、摸摸、闻闻、尝尝。日复一日的练习，为我日后掌握高水平的中药鉴别技术与技能奠定了基础。"毛玉泉说。

经过多年的努力，毛玉泉对精品饮片验收有自己独到的见解。

他总结出精品饮片"四看检验法","在验收精品饮片时,需要我们摊开来看、放大了看、对比着看、结合着看。摊开看,看的是全部;放大看,看的是细节;对比看,是找细微的不同之处;结合看,看的则是总体,取不同部位、不同包件(药品进行查看),保证药品质量的均一性、稳定性。"

毛玉泉认为,中药鉴别关乎人民大众的用药安全,来不得半丝懈怠和马虎;中药在疾病防治过程中发挥着越来越重要的作用,自己肩上的担子更重了。"我非常喜欢自己的工作。刚开始工作的10年,是我积累经验、仅把工作当作一份职业的10年,那时只想把自己的本职工作干好;而后的10年,我越来越深地感受到中药是中华传统文化的一种传承,工作中就多了一份特殊的情怀,多了一份沉甸甸的责任和担当。"

专题　养成良好劳动习惯　坚定目标努力前行

劳动创造了人,劳动是人类赖以生存、发展的决定力量,现代社会的繁荣和发展都是建立在劳动者辛勤劳动的基础之上的。但当代大学生中存在着不爱劳动、不会劳动、不懂得珍惜劳动成果、缺乏良好的劳动习惯等现象。劳动习惯是长期养成的,不能一蹴而就,要持续、全方位对大学生的学习和生活中相关劳动行为进行规范与培养,使其养成良好的劳动习惯,进而使其获得对劳动的正确认知、积极态度和良好行为倾向,进一步内化为自身优良的劳动品质。

【思考】

谈谈你有哪些好的劳动习惯,并和大家分享。

读书笔记

第四章　劳动安全和劳动保障

《关于全面加强新时代大中小学劳动教育的意见》指出，各学校要加强对师生的劳动安全教育，强化劳动风险意识，建立健全安全教育与管理并重的劳动安全保障体系。

劳动安全是生产活动的基本要求之一，是开展生产活动的必要前提。大学生劳动安全教育是高校开展劳动教育的重要内容之一，是大学生知识体系和综合素质教育不可缺少的重要组成部分。劳动法律法规是维护劳动者根本利益的重要依据，作为劳动者的大学生应不断地学习、掌握法律法规知识，用法律法规武装自己。

第一节　劳动安全

一、劳动安全的概念

劳动安全是企业生产经营活动的重要内容，在生产活动中树立安全工作意识，重视安全生产，丰富员工的专业知识，是保证员工参与生产活动安全性的有效措施。

劳动安全又称"职业安全"，是劳动者在生产劳动过程中人身安全和健康获得保障、免受职业伤害的权利。用人单位必须建立健全劳动安全制度,严格执行国家劳动安全规程和标准,对劳动者进行劳动安全教育,防止出现劳动安全事故,减少职业危害。

新时代大学生的专业劳动安全是高校开展劳动教育的重要内容,主要通过专业实习、专业实训等方式,使学生掌握所属行业的安全知识、安全技能,具备基本的职业安全意识、心理素质及应急能力,成为具有较好的安全知识基础的专业技术人才。

二、劳动安全的重要性

1. 劳动安全是企业开展生产活动的必要条件

企业应保证劳动者的劳动安全,建立健全企业安全生产责任制,加强安全生产标准化建设,制定并实施安全生产规章制度和操作规程,保证企业安全生产投入的有效实施,保证劳动者的劳动安全。不具备安全生产条件的企业,不得开展生产活动。劳动者的安全有所保障,企业经营活动才能正常进行。

2. 劳动安全是劳动者从事生产劳动的重要保障

劳动者在劳动过程中应了解劳动场所和劳动岗位中存在的不安全因素及职业危害,掌握生产安全事故防范措施和应急处理措施,对于企业生产经营活动存在安全问题的,应及时提出批评、检举、

控告或者拒绝执行。只有守住劳动安全这一防线，才能根本保障劳动者的人身安全，才能保护劳动者的合法权益。

三、劳动安全事故产生的原因

近年来，随着经济的发展，我国的劳动生产规模越来越大，劳动者也越来越多。这些劳动者在进行劳动生产的过程中有可能会出现或大或小的安全事故，给劳动者和企业带来了一定的损失。下面从三个方面总结劳动安全事故发生的原因。

（一）企业违规开展生产经营活动

企业经营者为了获取更多的经济效益，无视安全生产法律法规。企业劳动安全制度不健全，缺乏对劳动者进行劳动安全教育，劳动环境、安全设施未达到国家规定的行业标准，相关的劳动防护用品无法保证质量，不顾劳动者安全健康、违章指挥、冒险作业等都会导致劳动安全事故产生。

（二）劳动者劳动安全意识淡薄

一些劳动者受文化程度所限，安全意识淡薄，对劳动过程中存在的危险因素、安全隐患不知情，对安全操作规程及必要的防护措施不甚了解，缺乏紧急情况处置能力。有些劳动者对企业的劳动安排唯命是从，明知生产不符合国家安全规定，仍然坚持上岗劳动，导致安全事故产生。

（三）我国的劳动安全法律法规尚不完善

目前，我国制定的《中华人民共和国安全生产法》《中华人民共和国职业病防治法》等安全生产方面的法律法规，在安全生产方面发挥了积极作用，一定程度上推进了安全生产法制建设。但缺少一部比较完整的、全国规范内的安全生产工作的综合性法律来统筹劳动生产安全管理。

四、大学生劳动安全意识的培养途径

1. 重视劳动安全意识

大学生劳动安全意识是劳动教育的重要组成部分，高校应从教育体系、教育理念、教育手段等方面，培养学生的劳动安全意识。大学生必须在专业劳动实践中形成自己的安全观，时刻警戒各种可能造成伤害的外在条件。只有掌握必备的安全知识及安全技能，才能最大限度地保障自身安全，成为企业所需要的高安全素质人才。

2. 积极投身劳动实践

通过参加劳动教育实践活动，逐步培养大学生劳动安全意识，形成马克思主义劳动观，掌握必要的劳动技能。大学生在参加本专业的劳动实践中，应时刻把安全放在首位，把自身的专业知识和安全意识相结合，使劳动安全成为自身专业劳动的思想自觉。

五、劳动安全常识

劳动安全是劳动者的基本权利，生产经营单位有义务为劳动者提供安全卫生的劳动环境。大学生应在日常的学习劳动中，学习并掌握安全色、安全标志、个人防护用品等方面的安全常识。

（一）安全色

安全色是表示安全信息的颜色。颜色常被用于加强安全和预防事故的标志。根据《安全色》（GB2893-2008），红色传递禁止、停止和危险的信息；蓝色传递必须遵守规定的指令性信息；黄色传递注意、警告的信息；绿色传递安全的提示性信息。

（二）安全标志

安全标志是用以表达特定安全信息的标志，由图形符号、安全色、几何形状（边框）或文字构成。安全标志的分类为禁止标志、指令标志、警告标志、提示标志四类。

1. 禁止标志

禁止标志是指不准或制止人们进行不安全行动的标志，其几何图形是带斜杠的圆形框，其中圆环与斜杠是红色且相连，图形符号是黑色，背景用白色。

我国规定的禁止标志共有40个，如禁止吸烟、严禁烟火、禁带烟火、禁止放易燃物等标志。

2. 指令标志

指令标志是指强制人们必须做出某种行为或动作的图形标志，几何图形是圆形，蓝色背景，白色图形符号。指令标志共有15个，如必须戴安全帽、必须穿防护鞋、必须系安全带、必须戴防护眼镜等标志。

3. 警告标志

警告标志是指警告人们可能发生的危险的标志。警告标志的图形由黑色的正三角形、黑色符号和黄色背景构成。我国规定的警告标志共有30个，如当心触电、当心爆炸、当心火灾、当心腐蚀等标志。

4. 提示标志

提示标志向人们提供目标的方向，其几何图形是方形，绿、红色背景，白色图形符号及文字。提示标志共有13个，其中一般提示标志（绿色背景）有6个，如安全通道、太平门等；消防设备提示标志（红色背景）有7个，如消防警铃、火警电话、消防水带、灭火器等标志。

（三）劳动防护用品相关知识及使用方法

劳动防护用品（又称个人防护用品）是指在劳动生产过程中通过采取阻隔、封闭、吸收、分散、悬浮等措施，使劳动者免遭或减轻事故伤害或职业危害所配备的一种防护性装备，直接对人体起保护作用。

1. 劳动防护用品的分类及使用

劳动防护用品对于预防安全事故和减少职业危害具有重要意义。劳动者不仅需要了解劳动岗位的安全知识，还需了解劳动防护用品的正确使用方法。

（1）头部防护用品。头部防护用品主要包括安全帽、防寒帽等。安全帽主要用于存在物体附落危险的劳动环境，防寒帽主要用于寒冷的环境中，劳动者需要用来保暖和防护。

（2）附落防护用品。附落防护用品主要包括安全带及安全绳等，一般用于劳动者需要登高作业或有跌落危险的时候，防止劳动者从高空跌落。

（3）眼睛防护用品。眼睛防护用品主要包括防护眼镜、眼罩或面罩等。劳动环境存在粉尘、气体、蒸汽、雾、烟或飞屑刺激眼睛或面部时，佩戴眼睛防护用品保护眼睛不受伤害。

（4）手部防护用品。手部防护用品主要包括防切割、防腐蚀、防渗透、隔热、绝缘、保温、防滑等手套。可能接触尖锐物体或粗糙表面时，应做好防切割防护；可能接触化学品时，应选用防化学腐蚀、防化学渗透的防护用品；可能接触高温或低温表面时，应做好隔热防护；可能接触带电体时，应选用绝缘防护用品。

（5）足部防护用品。足部防护用品包括防砸、防腐蚀、防渗透、防滑、防火花等保护鞋。可能发生物体砸落的地方，要穿防砸保护鞋；可能接触化学液体的作业环境要穿防化学液体的保护鞋；注意在特定的环境中要穿防滑或绝缘或防火花的鞋。

（6）防护服。防护服用于保温、防水、防化学腐蚀、阻燃、防静电、防射线等，适用于高温或低温作业；潮湿或浸水环境要能防水；可能接触化学液体要注意防护；在特殊环境注意阻燃、防静电、防射线等。

（7）听力防护用品。听力防护用品主要包括耳塞、防噪声头盔等护耳器，降低噪声对劳动者的听力伤害。

（8）呼吸防护用品。呼吸防护用品主要包括防毒面罩、防毒面具、防尘口罩、氧气呼吸机等，主要作用是防护有害气体从呼吸道直接进入人体，或直接向使用者供氧及提供新鲜空气。

劳动保护用品选用规定表

作业类别编号	作业类别名称	不可使用的品类	必须使用的护品	可考虑使用的护品
A01	易燃易爆场所作业	的确良、尼龙等易着火焦结的衣物，聚氯乙烯塑料鞋，底面有钉铁件的鞋	棉布工作服、防静电服、防静电鞋	
A02	可燃性粉尘场所作业	的确良、尼龙等易着火焦结的衣物，底面有钉铁件的鞋	棉布工作服；防毒口罩	防静电服、防静电鞋
A03	高温作业	的确良、尼龙等易着火焦结的衣物，聚氯乙烯塑料鞋	白帆布类隔热服，耐高温鞋，防强光、紫外线、红外线护目镜或面罩	镀反射膜类隔热服，其他护品如披肩帽、鞋罩、围裙、袖套等
A04	低温作业	底面有钉铁件的鞋	防寒服、防寒手套、防寒鞋	防寒帽、防寒工作鞋
A05	低压带电作业		绝缘手套、绝缘鞋	安全帽、防异物伤害护目镜
A06	高压带电作业		绝缘手套、绝缘鞋、安全帽	等电位工作服、防异物伤害护目镜
A07	吸入性气相毒物作业		防毒口罩	有相应滤毒罐的防毒面罩、供应空气的呼吸保护器
A08	吸入性气溶胶毒物作业		防毒口罩或防尘口罩、护发帽	防化学液眼镜、有相应滤毒罐的防毒面罩、供应空气的呼吸保护器、防毒物渗透工作服
A09	沾染性毒物作业		防化学液眼镜、防毒口罩，防毒物渗透工作服，防毒物渗透手套护发帽	有相应滤毒罐的防毒面罩、供应空气的呼吸保护器、相应的皮肤保护剂
A10	生物性毒物作业		防毒门罩、防毒物渗透工作服、护发帽、防毒物渗透手套、防异物伤害护目镜	有相应滤毒罐的防毒面罩、相应的皮肤保护剂
A11	腐蚀性作业		防化学液眼镜、防毒门罩、防酸（碱）工作服耐酸（碱）手套、耐酸（碱）鞋、护发帽	供应空气的呼吸保护器

续表

作业类别编号	作业类别名称	不可使用的品类	必须使用的护品	可考虑使用的护品
A12	易污作业		防尘口罩、护发帽、一般性工作服，其他护品如披肩帽、鞋罩、围裙、袖套等	相应的皮肤保护剂
A13	恶味作业		一般性工作服	供应空气的呼吸保护器、相应的皮肤保护剂、护发帽
A14	密闭场所作业		供应空气的呼吸保护器	
A15	噪声作业			塞栓式耳塞耳罩
A16	强光作业		防强光、紫外线、红外线护目镜或面罩	
A17	激光作业		防激光护目镜	
A18	荧光屏作业			荧光屏作业护目镜
A19	微波作业			防微波护目镜、屏蔽服
A20	射线作业		防射线护目镜、防射线服	
A21	高处作业	底面有钉铁件的鞋	安全帽、安全带	防滑工作鞋
A22	存在物体坠落、撞击的作业		安全帽、防砸安全鞋	
A23	有碎屑飞溅的作业		防异物伤害护目镜、一般性工作服	
A24	操纵转动机械	手套	护发帽、防异物伤害护目镜、一般性的工作服	
A25	人工搬运	底面钉铁件的鞋	防滑手套	安全帽、防滑工作鞋、防砸安全鞋
A26	接触使用锋利器具		一般性的工作服	防割伤手套、防砸安全鞋、防刺穿鞋
A27	地面存在尖利器物的作业		防刺穿鞋	
A28	手持振动机械作业		防射线服	

续表

作业类别编号	作业类别名称	不可使用的品类	必须使用的护品	可考虑使用的护品
A29	承受全身震动的作业		减震鞋	
A30	野外作业		防水工作服（包括防水鞋）	防寒帽、防寒服、防寒手套、防寒鞋、防异物伤害护目镜、防滑工作鞋
A31	水上作业		防滑工作鞋、救生衣（服）	安全带、水上作业服
A32	涉水作业		防水工作服（包括防水鞋）	
A33	潜水作业		潜水服	
A34	地下挖掘建筑作业		安全帽	防尘口罩、塞栓式耳塞、减震手套、防砸安全鞋、防水工作服（包括防水鞋）
A35	车辆驾驶		一般性的工作服	防强光、紫外线、红外线护目镜或面罩防异物伤害护目镜、防冲击安全头盔
A36	铲、装、吊、推机械操纵		一般性的工作服	防尘口罩，防强光、紫外线、红外线护目镜或面罩，防异物伤害护目镜，防水工作服（包括防水鞋）
A37	一般性作业			一般性的工作服
A38	其他作业			一般性的工作服

2. 劳动防护用品的使用注意事项

（1）正确选用防护用品。劳动者应根据劳动场所情况，正确选用防护用品。

（2）学会使用防护用品。劳动者应积极参加企业培训，学会使用防护用品。

（3）坚持使用防护用品。劳动者应严格按照规定，在劳动场所中坚持使用防护用品。

第二节 劳动保障

在我国，劳动者在劳动过程中依法享有并得到法律保障的权利。劳动者享有广泛的权利，诸如就业权、签订劳动合同权、劳动报酬权、休息休假权、获得社会保险福利权等。劳动者在走向劳动岗位之前应依法了解并自觉维护自己的合法权益。同时，劳动者也承担相应的劳动义务，如自觉接受安全培训、树立安全意识，严格遵守操作规程和安全管理制度等。劳动者在享受合法权益的同时也要履行相应的义务，只有这样个人劳动权益才能得到全面维护。

一、劳动法律法规

（一）劳动者

"劳动者"是一个含义非常广泛的概念。广义的劳动者指具有劳动主体资格的公民，即具有劳动权利能力和劳动行为能力的自然人，其并不一定已经参与劳动关系，可能只是劳动力市场中的劳动者；从狭义上讲，劳动者指具有劳动权利能力和劳动行为能力，并参与劳动关系或劳动法律关系的自然人，即只有形成劳动关系的人才可被称为"劳动者"，对于劳动者的判定以是否形成劳动关系作为判断依据。[1]

劳动者资格是对自然人是否具备劳动权利能力和劳动行为能力的界定。劳动权利能力，是指自然人依法享有劳动权利和履行劳动义务的资格或能力，始于出生，终于死亡；劳动行为能力是指自然

---

[1] 王全兴：《劳动法学》，北京：高等教育出版社，2004年，第93页。

人能够依法以自己的行为行使劳动权利和履行劳动义务的能力。我国公民的劳动行为能力受制于以下几点。

1. 年龄

《中华人民共和国劳动法》第十五条规定："禁止用人单位招用未满十六周岁的未成年人。文艺、体育和特种工艺单位招用未满十六周岁的未成年人，必须依照国家有关规定，履行审批手续，并保障其接受义务教育。"

2. 健康状况

健康状况既包括身体健康状况，也包括精神健康状况。我国《就业服务与就业管理规定》第十八条规定，"用人单位招用人员，不得歧视残疾人"，第十九条规定，"用人单位招用人员，不得以是传染病病原携带者为由拒绝录用。但是，经医学鉴定传染病病原携带者在治愈前或者排除传染嫌疑前，不得从事法律、行政法规和国务院卫生行政部门规定禁止从事的易使传染病扩散的工作，用人单位招用人员，除国家法律、行政法规和国务院卫生行政部门规定禁止乙肝病原携带者从事的工作外，不得强行将乙肝病毒血清学指标作为体检标准。"

3. 智力

《中华人民共和国劳动法》要求劳动者必备的智力因素，包括精神健全（精神病患者被认定为无劳动行为能力人）、文化水平与技术水平。该法禁止用人单位招用应当接受义务教育的适龄儿童，规定用人单位招聘对象必须具备初中以上文化水平。对于某些职业技术岗位，该法还对岗位所需要运用的特定知识与技术水平有严格要求。

4. 行为自由

公民只有具备支配、使用自己劳动能力的行为自由，才能以自己的行为去实现劳动权利和劳动义务。

（二）在校大学生劳动者

在校大学生正常情况下普遍具备年龄、健康、智力要素，但受课业束缚，行为自由受到限制，大学生成为劳动者资格的特殊组成部分。根据大学生劳动行为的性质，在校大学生劳动可分为以下四类，具体劳动行为能否构成劳动关系则依据其所从事的工作的性质而定。

1. 实习

学生参加实习主要有两种情况：第一，学校根据学生的培养方案，统一安排教育教学实习，这是教学环节的一部分；第二，在校学生为获取工作经验，自己主动寻找实习机会进行实习。第一种实习是学校教育教学的重要环节，是教学的延伸，此种情况下的实习学生不应被看作劳动者，也不存在与实习单位建立劳动关系的情况，但实习单位仍然应当承担安全保障义务。大学生为获取工作经验，主动进入社会，寻找企事业单位实习工作机会，进行正常教学之外的实习。此类实习一般为正常教学之外的有偿实习，与大学生纯粹的兼职打工不同，虽然此类实习学生能够获取一定的报酬，但其实习的主要目的还是在实践中获得知识和实践经验。实习大学生和用人单位之间不存在标准的劳动法律关系，而存在事实劳动关系，可被纳入《中华人民共和国劳动法》和《中华人民共和国劳动合同法》的调整范围。

2. 勤工助学

勤工助学活动是指学生在学校的组织下利用课余时间，通过劳动取得合法报酬，用于改善学习和生活条件的实践活动。勤工助学是学校学生资助工作的重要组成部分，是提高学生综合素质和资助家庭经济困难学生的有效途径，是实现全程育人、全方位育人的有效平台。教育部、财政部《高等学校勤工助学管理办法》（2018年）指出："校内勤工助学报酬原则上不低于当地政府或有关部门制定的最低工资标准或居民最低生活保障标准，校外勤工助学酬金标准不应低于学校当地政府或有关部门规定的最低工资标准。""勤工助学活动由学校统一组织和管理。任何单位或者个人未经学校学生资助机构同意，不得聘用在校大学生。学生私自在校外打工的行为不在本办法规定之列。"由此可见，勤工助学性质的工作不能视为建立了劳动关系的工作。

3. 非全日制用工

非全日制用工，是指以小时计酬为主，劳动者在同一用人单位一般平均工作时间不超过四小时，每周工作时间累计不超过二十四小时的用工形式。大学生不经学校组织，自己在校外打工，每天工作时间较少，且相对灵活。非全日制用工形式受到劳动法的规制，大学生非全日制用工者与用人单位之间存在劳动关系。

4. 寒暑假期工

在校大学生在寒暑假期间，利用相对完整的时间进行的工作，符合劳动存系关系的所有特征，自用工之日起双方建立劳动关系。从理论上讲，大学生应与用人单位签订书面劳动合同，只不过该劳动合同的期限较短。即使双方未签订书面劳动合同，但大学生的劳动也属于事实劳动，受到法律保护。

（三）部分劳动法律法规介绍

1.《中华人民共和国劳动法》

《中华人民共和国劳动法》是为了保护劳动者的合法权益，调整劳动关系，建立和维护适应社会主义市场经济的劳动制度，促进经济发展和社会进步，根据《中华人民共和国宪法》而制定的法律。1994年7月5日第八届全国人民代表大会常务委员会第八次会议通过了《中华人民共和国劳动法》。根据2009年8月27日第十一届全国人民代表大会常务委员会第十次会议《关于修改部分法律的决定》第一次对其进行修正。根据2018年12月29日，第十三届全国人民代表大会常务委员会第七次会议《关于修改〈中华人民共和国劳动法〉等七部法律的决定》第二次对其进行修正。

该法共13章107条，主要内容有：总则、促进就业、劳动合同和集体合同、工作时间和休息休假、工资、劳动安全卫生、女职工和未成年工特殊保护、职业培训、社会保险和福利、劳动争议、监督检查、法律责任和附则。

2.《中华人民共和国劳动合同法》

《中华人民共和国劳动合同法》是为了完善劳动合同制度，明确劳动合同双方当事人的权利和义务，保护劳动者的合法权益，构建和发展和谐稳定的劳动关系制定的法律。由第十届全国人民代表大会常务委员会第二十八次会议于2007年6月29日修订通过，自2008年1月1日起施行。2012年12月28日，第十一届全国人民代表大会常务委员会第三十次会议《关于修改〈中华人民共和国劳动合同法〉的决定》修正该法。

该法共8章96条，主要内容有：总则、劳动合同的订立、劳动合同的履行和变更、劳动合同的解除和终止、特别规定、集体合同、劳务派遣、非全日制用工、监督检查、法律责任和附则。

3.《中华人民共和国劳动争议调解仲裁法》

为了公正及时解决劳动争议，保护当事人合法权益，促进劳动关系和谐稳定，中华人民共和国第十届全国人民代表大会常务委员会第三十一次会议于2007年12月29日通过了《中华人民共和国劳动争议调解仲裁法》，该法自2008年5月1日起施行。

该法共4章54条，主要内容有：总则、调解、仲裁和附则。

4.《中华人民共和国妇女权益保障法》

《中华人民共和国妇女权益保障法》是为了保障妇女的合法权益，促进男女平等，充分发挥妇女在社会主义现代化建设中的作用，根据《中华人民共和国宪法》和我国的实际情况而制定的法律。该法于1992年4月3日第七届全国人民代表大会第五次会议通过，自1992年10月1日起施行。根据2005年8月28日第十届全国人民代表大会常务委员会第十七次会议《关于修改〈中华人民共和国妇女权益保障法〉的决定》进行第一次修正。

该法共9章61条，主要内容有：总则、政治权利、文化教育权益、劳动和社会保障权益、财产权益、人身权利、婚姻家庭权益、法律责任和附则。

5.《高等学校学生勤工助学管理办法》

《高等学校学生勤工助学管理办法》是为规范管理高等学校学生勤工助学工作，促进勤工助学活动健康、有序开展，保障学生合法权益，帮助学生顺利完成学业，发挥勤工助学育人功能，培养学生自立自强、创新创业精神，增强学生社会实践能力制定的办法。2007年由教育部、财政部联合制定，2018年教育部、财政部对现行办法进行修订。

该办法共9章33条，主要内容有：总则、组织机构、学校职责、勤工助学管理服务组织职责、校内勤工助学岗位设置、校外勤工助学活动管理、勤工助学酬金标准及支付、法律责任和附则。

二、劳动者权益维护

（一）劳动者权利和义务

1. 劳动者的基本权利

劳动者有平等就业的权利。劳动权，也称"劳动就业权"，是指具有劳动能力的公民有获得职业的权利。这是劳动者依照劳动法律享有的最重要的权利。公民的劳动就业权是公民享有各项权利的基础，没有公民的就业权利，劳动者的其他权利就无从谈起。

劳动者有选择职业的权利。劳动者可根据自己的意愿选择适合自己能力、自己喜爱的职业。劳动者能够自由选择职业，有利于劳

读书笔记

动者充分发挥个人的特长，促进社会生产力的发展。

劳动者有取得劳动报酬的权利。我国宪法规定公民有劳动的权利，同时给予劳动者的劳动权利以现实的物质的和法律的保障。我国宪法明确规定，劳动者各尽所能、按劳力分配，实行男女同工同酬，国家在发展生产的基础上，提高劳动报酬和福利待遇。

劳动者享有休息休假的权利。我国宪法规定，劳动者有休息的权利，国家发展劳动者休息和休养的设施，规定职工的工作时间和休假制度。我国劳动法规定的休息时间包括工作间歇、两个工作日之间的休息时间、公休日、法定节假日以及年休假、探亲假、婚丧假、事假、生育假、病假等。

劳动者有获得劳动安全卫生保护的权利。劳动安全卫生保护，保护劳动者的生命安全和身体健康，是对劳动者切身利益最直接的保护。劳动法规定，用人单位必须建立、健全劳动安全卫生制度，严格执行国家安全卫生规程、标准和制度，为劳动者提供符合国家规定的劳动安全卫生条件和必要的劳动防护用品，对从事特种作业的人员进行专门培训，防止劳动事故产生，减少职业危害。

接受职业技能培训的权利。职业技能培训是指对准备就业的人员和已就业的职工进行技术业务知识和实操技能教育及训练，以培养或提高其职业技能。公民有劳动的权利，实现劳动权利离不开劳动者的职业技能。公民没有职业培训权利，劳动就业权利就无法充分实现。

享受社会保险和福利的权利。国家和用人单位为保证具有劳动关系的劳动者在暂时或永久丧失劳动能力以及暂时失业时的基本生活需要，依照法律规定或合同的约定，给予其物质帮助。

提请劳动争议处理的权利。用人单位与劳动者发生劳动争议时，劳动者可以依法申请调解、仲裁、提起诉讼。

法律规定的其他劳动权利，包括劳动者依法享有参加和组织工会的权利，参加职工民主管理的权利，参加劳动竞赛的权利，提出合理化建议的权利，从事科学研究、技术革新、发明创造的权利，依法解除劳动合同的权利，对用人单位管理者违章指挥、强令冒险作业有拒绝执行的权利，对危害生命安全和身体健康的行为有提出批评、检举和控告的权利，对违反劳动法的行为进行监督的权利等。

2. 劳动者的基本义务

劳动者应当履行完成劳动任务义务。劳动者与用人单位建立劳动关系后，完成劳动任务是其应当履行的强制性任务。劳动者不能履行劳动义务，就意味着劳动者违法劳动合同的约定，用人单位可以解除劳动关系。

劳动者具有提高自身职业技能的义务，劳动者享有接受职业技能培训的权利，同时也具有提高自身职业技能的义务，这也是对劳动者完成劳动任务的保障。

执行劳动安全卫生规程。劳动者在劳动的时候享有生命安全和身体健康的权利，国家与用人单位为了保障劳动者的安全卫生保护权利，规定劳动者需执行劳动安全卫生规程。

遵守劳动纪律。劳动纪律是劳动者在共同劳动中所必须遵守的劳动规则和秩序。宪法规定遵守劳动纪律是公民的基本义务。

遵守职业道德。职业道德是从业人员在职业活动中应当遵循的道德。劳动者在从事劳动过程中需要忠于职守，对社会负责。

（二）劳动者权益维护

劳动者需要不断学习和了解相关的劳动法律法规及政策，此外，还可以了解以下知识以保护自己的合法权益。

1. 用人单位必须与劳动者签订劳动合同

《中华人民共和国劳动合同法》明确规定：用人单位自用工之日起一个月内必须与劳动者订立书面劳动合同，一个月内未与劳

读书笔记

动者订立劳动合同的，劳动者工作了一个月可以要求用人单位支付两个月的工资。劳动者在该用人单位连续工作满十年的，劳动者可以要求订立无固定期劳动合同；用人单位自用工之日起满一年不与劳动者订立书面劳动合同的，视为用人单位与劳动者已订立无固定期限劳动合同；用人单位初次实行劳动合同制度或者国有企业改制重新订立劳动合同时，劳动者在该用人单位连续工作满十年且距法定退休年龄不足十年的，劳动者可以要求订立无固定期劳动合同。

用人单位未在用工的同时订立书面劳动合同，与劳动者约定的劳动报酬不明确的，劳动者的劳动报酬按照集体合同规定的标准执行，没有集体合同或者集体合同未规定的，实行同工同酬。

2. 试用期不再随便适用

《中华人民共和国劳动合同法》明确规定：试用期包含在劳动合同期限内，劳动合同仅约定试用期的，试用期不成立；同一用人单位与同一劳动者只能约定一次试用期；劳动合同期限三个月以上不满一年的，试用期不得超过一个月；劳动合同期限一年以上不满三年的，试用期不得超过两个月；三年以上固定期限和无固定期限的劳动合同，试用期不得超过六个月。

劳动者试用期的工资不得低于本单位相同岗位最低档工资或者劳动合同约定工资的百分之八十，并不得低于用人单位所在地的最低工资标准；用人单位违法约定的试用期已经履行的，由用人单位以劳动者试用期满月工资为标准，按已经履行的超过法定试用期的期间向劳动者支付赔偿金。

3. 用人单位不能随意以违约金条款限制劳动者辞职

《中华人民共和国劳动合同法》规定：用人单位只有在两种情况下可以约定劳动者承担违约金。一是用人单位为劳动者提供专业技术培训，双方了订立服务期协议，劳动者违反服务期约定的，应当按照约定向用人单位支付违约金，违约金的数额不得超过用人单位提供的培训费用，劳动者承担的违约金不得超过服务期尚未履行部分所应分摊的培训费用。二是用人单位与负有保密义务的劳动者在劳动合同或者保密协议中与劳动者约定竞业限制条款，并约定在解除或者终止劳动合同后，在竞业限制期限内按月给予劳动者经济补偿，劳动者违反竞业限制约定的，应当按照约定向用人单位支付违约金。

对于未与用人单位签订服务期协议、竞业限制条款的劳动者而言，可以依照劳动合同法的规定，单方提出解除劳动合同，不需要承担任何的违约责任。

4. 用人单位违法，劳动者可以随时提出辞职

劳动者离开企业有三个途径：一是按照劳动合同法的规定，双方协商解除劳动合同；二是按照劳动合同法的规定，劳动者需提前30天以书面形式通知单位，30日后即可与单位解除劳动合同(需要办理解除劳动合同的相关交接手续)；三是只要单位存在劳动合同法规定的以下情形。

①未按照劳动合同约定提供劳动保护或者劳动条件的；

②未及时足额支付劳动报酬的；

③未依法为劳动者缴纳社会保险费的；

④用人单位的规章制度违反法律、法规的规定，损害劳动者权益的；

⑤因本法第二十六条第一款规定的情形致使劳动合同无效的；

⑥法律、行政法规规定劳动者可以解除劳动合同的其他情形；

⑦用人单位以暴力、威胁或者非法限制人身自由的手段强迫劳动者劳动的，或者用人单位违章指挥、强令冒险作业危及劳动者人身安全的，劳动者可以立即解除劳动合同，不需事先告知用人单位。

5. 用人单位不能随意以内部规章制度约束处罚劳动者

用人单位在制定、修改或者决定有关劳动报酬、工作时间、休息休假、劳动安全卫生、保险福利、职工培训、劳动纪律以及劳动定额管理等直接涉及劳动者切身利益的规章制度或者重大事项时，应当经职工代表大会或者全体职工讨论，提出方案和意见，与工会或者职工代表平等协商确定；用人单位应当将直接涉及劳动者切身利益的规章制度和重大事项决定公示，或者告知劳动者。如果用人单位没有依照以上规定制定规章制度，则所出台的规章制度对劳动者没有约束力。

6. 用人单位违法解除劳动合同，劳动者可以要求继续履行劳动合同，或者要求赔偿金

《中华人民共和国劳动合同法》规定：用人单位违法解除或者终止劳动合同，劳动者要求继续履行劳动合同的，用人单位应当继续履行；劳动者不要求继续履行劳动合同或者劳动合同已经不能继续履行的，用人单位应当依照法律规定的经济补偿标准的两倍向劳动者支付赔偿金。按劳动者在本单位工作的年限，每满一年支付一个月工资的标准向劳动者支付经济补偿；六个月以上不满一年的，按一年计算；不满六个月的，向劳动者支付半个月工资的经济补偿。劳动者月工资高于用人单位所在直辖市、设区的市级人民政府公布的本地区上年度职工月平均工资三倍的，向其支付职工月平均工资三倍的经济补，支付经济补偿的年限最高不超过12年。

当用人单位违法解除或者终止劳动合同时，劳动者有两个选择权：一是劳动者可以要求继续履行劳动合同，用人单位则必须与劳动者继续履行劳动合同，双方继续保持劳动关系。二是劳动者不愿继续履行劳动合同或者仲裁、法院认为劳动合同已经不能继续履行，劳动者可以要求用人单位依照《中华人民共和国劳动合同法》第四十七条规定的经济补偿标准的两倍支付赔偿金。

7. 劳动者可以要求用人单位出具解除或终止劳动合同凭证，转移档案和保险关系

《中华人民共和国劳动合同法》规定：用人单位应当在解除或者终止劳动合同时出具解除或者终止劳动合同的证明，并在15日内为劳动者办理档案和社会保险关系转移手续；用人单位未向劳动者出具解除或者终止劳动合同的书面证明，给劳动者造成损害的，应当承担赔偿责任。这里所指的劳动者损失主要指失业保险、医疗保险、生活费等。

8. 劳动合同终止也可以要求经济补偿金

《中华人民共和国劳动合同法》规定：除用人单位维持或者提高劳动合同约定条件续订劳动合同，劳动者不同意续订的情形外，因劳动合同期满而终止固定期限劳动合同的，劳动合同终止用人单位也要给予劳动者经济补偿金。

9. 劳动者可以及时拿到应得的报酬

《中华人民共和国劳动争议调解仲裁法》规定：劳动者追索劳动报酬、工伤医疗费、经济补偿或赔偿金，不超过当地月最低工资标准12个月金额的争议案件，因执行国家规定的劳动标准在工作时间、休息休假、社会保险等方面发生的争议案件，劳动仲裁后，除劳动者有权向法院提起诉讼外，用人单位不能再向法院提起诉讼，仲裁裁决生效。

（三）实习生权益维护

1995年公布的《关于贯彻实行〈中华人民共和国劳动法〉若干问题的定见》第12条规定："在校生利用业余时间勤工助学，不视为就业，未建立劳动关系，可以不签订劳动合同。"表明实习生不适用于劳动法管理范畴，实习期间与学校、用人单位签订的三方协议或者实习协议不属于劳动合同，属于劳务合同。如果实习期间与用人单位发生争议，不能以劳动争议处理而是以民事纠纷处理。

读书笔记

为维护自身合法权益，大学生在实习时应该注意：慎重选择实习单位，事先了解该单位的经营合法性和行业信誉；在对实习单位不甚了解的情况下，最好在实习前与之签订实习协议，明确双方的权利和义务；拒绝实习单位收取抵押金或扣留身份证件的无理要求等。

在签订实习协议之前，要注意以下几点。

①查明用人单位的主体资格是否合法。协议双方的主体资格是否合格是协议书是否具有法律效力的前提。因此，实习生在签协议之前，一定要先审查用人单位的主体资格。

②看清协议条款是否明确合法。实习协议的内容是整个实习协议的关键部分，实习生一定要认真核查双方权利义务是否合法；是否符合国家相关法律和政策；是否明确规定了岗位与薪酬等。

③查看签订实习协议的程序是否完备。实习生和用人单位经协商一致后，在签协议时要注意完整地履行手续。其一，要签名并写明签字时间；其二，必须加盖单位公章并注明时间，不能用个人签字代替单位公章。

另外，实习期按照实习协议，用人单位必须付给实习生工资，给付的工资标准应不低于地区最低工资标准。如果用人单位违反协议，给学校或学生造成损失，就要按规定予以相应的赔偿。

拓展阅读

个人防护用品使用误区

误区1：个人防护用品可戴可不戴

专家指出，个人防护用品能消除或减轻职业病危害因素对劳动者健康的影响。《中华人民共和国职业病防治法》规定，用人单位必须为劳动者提供符合要求的防护用品，同时劳动者有义务佩戴防护用品。

误区2：车间没有异味，可以不用佩戴个人防护用品

专家指出，许多有害气体是无色、无嗅、无味的，人们感觉不到。即使能够闻到气味，但因感觉器官对外界的感知存在局限性或个体感知存在差异，每个人对有害气体的感知是不一样的。如果过分相信感觉，可能会导致自己中毒。

误区3：纱布口罩可用来防尘

普通纱布口罩不能作为防尘口罩使用。虽然我们现在用的纱布口罩便宜且实用，夏天能够吸汗，冬天能够保暖，但这样的口罩即使有16层厚也不能保护人们不受呼吸性粉尘的危害。防尘需用专门的防尘口罩。

误区4：医用口罩用来防毒

医用口罩可以防止疾病通过飞沫传播，但是不能过滤有毒气体。针对不同的毒物，需使用过滤效果不同的防毒口罩。针对一般的可挥发的有机有害气体，人们可以使用活性炭防毒口罩。

误区5：防尘口罩水洗后再利用

防尘口罩的滤料是不能水洗的。防尘口罩所使用的高效滤料通常为无纺布材料，有些还依靠纤维上带有的静电电荷来过滤呼吸性粉尘。水洗后口罩滤料的微观结构受损，出现肉眼看不见的裂缝、孔洞，静电电荷也会大量损失，过滤性能严重下降。因而，经过水洗的防尘口罩不再具备防尘功效，应使用新的防尘口罩保护自我。

用防护用品进行防护属于一种被动的防护措施。在任何情况下，我们都应当首先采取先进的生产工艺，做好防护措施，从而主动预防职业病。在防护设施不能够完全消除职业病危害因素的情况下，才考虑为劳动者配备合适的个人防护用品。值得注意的是，个人防护用品不是万能的，任何个人防护用品都有其适用性。在使用个人防护用品时，需考虑个人防护用品使用的环境和适用范围，以发挥个人防

读书笔记

护用品的最大功效。

专题一　安全劳动在身边

《中华人民共和国安全生产法》是我国第一部有关安全生产管理的综合性法律，它的出台标志着我国安全生产的法制化建设进入了一个新的阶段。这部法律以基本法的形式，对安全生产工作的方针、生产经营单位的安全生产保障、从业人员的权利义务、安全生产事故的应急救援和调查处理以及违法行为的法律责任等都作出明确的规定，是加强安全生产管理、搞好安全生产工作的重要法律依据。

【思考】

1. 劳动者的权利与义务有哪些？

2. 结合学习和生活经历，谈谈自己在劳动安全防护方面的经验。

专题二　知法懂法促平安

案情介绍

李某是某高校大二学生。从2021年7月10日至2021年8月25日，李某利用暑假时间，到学校附近的工厂打工。双方约定每天工资为80元，工厂不提供吃住。同年8月3日李某上班时，因工厂厂房地面湿滑，李某不慎摔倒，摔伤胳膊。事后被及时送往医院住院治疗，共花去医疗费3600元。该工厂只支付了部分医疗费，其他费用均未支付。在双方交涉未果的情况下，李某向当地的劳动争议仲裁机构提出了仲裁申请，要求享受工伤待遇。劳动争议仲裁机构审查案件后，认为案件不属于劳动争议仲裁部门的受案范围，建议李某通过诉讼的方式维权。

案件评析

工伤待遇针对的是建立劳动关系的用人单位和劳动者。《中华人民共和国劳动法》规定的"劳动者"，是指达到法定年龄具有劳动能力、以从事某种社会劳动获取收入为主要生活来源的自然人。在校大学生不具有建立劳动关系的主体资格，不具备《中华人民共和国劳动法》规定的独立劳动者身份。按照原劳动部《关于贯彻执行〈中华人民共和国劳动法〉若干问题的意见》的规定，在校生勤工助学的，不视为就业，未建立劳动关系，可以不签订劳动合同。可见，利用假期打工的在校学生与用人单位之间未建立劳动关系，在身份认定上并不是劳动者，不适用《中华人民共和国劳动法》。在校生打工期间受伤，不能按照《工伤保险条例》的规定进行工伤认定，进而不能依法享受工伤保险待遇，所受损害可按一般人身损害侵权向用人单位主张赔偿。

本案中，李某是在校大学生。他在暑期打工期间，和工厂之间没有形成劳动合同关系，二者之间只是一种雇佣关系。按照最高人民法院司法解释，雇员在从事雇佣活动中遭受人身损害，雇主应当承担赔偿责任。如果是雇佣关系以外的第三人造成雇员人身损害的，赔偿权利人可以请求第三人承担赔偿责任，也可以请求雇主承担赔偿责任。如果赔偿权利人

读书笔记

请求雇主承担赔偿责任，雇主在承担赔偿责任后，可以向第三人追偿。本案中，李某受伤并非第三者的原因，而是工厂工作环境存在安全隐患所致，因此，工厂应当承担李某受伤医治的一切费用。

【思考】

1. 结合学习和生活经历，谈谈自己在劳动安全保护方面的经验。

2. 结合自己的兼职或实习经历，谈谈如何依法保护自我人身财产安全。

实践篇

第五章 生活劳动

第一节 生活劳动概述

一、生活劳动能力的概述

《大中小学劳动教育指导纲要（试行）》认为，日常生活劳动教育强调个人生活事务处理，注重生活能力和良好卫生习惯的培养，树立自立自强意识。首先，生活劳动能力是个体所应具备的众多能力中的一个类别。个体在社会生活实践中所具备的能力包含诸多组成部分，有生活劳动能力、学习创新能力、职业发展能力、社会交往能力等。生活劳动能力只是其中的一个部分。其次，生活劳动能力是一个综合性的能力体系。满足生活所需的能力与技能不止一项，而是指众多能够满足生活实践活动所需能力的总和。因此，我们认为，生活劳动能力是指满足个体生活需要的劳动能力与相应技能的总和。我们把人们在日常学习、生活中料理自己的生活、改善环境、创造文明及养成良好习惯的一切活动的能力，称为"生活劳动能力"。对于大学生来说，这种能力是最基本的也是必备的，如打扫卫生、整理物品等。

二、生活劳动无处不在，无时不在

生活劳动无处不在。在家庭生活中，需要整理个人物品、洗衣服、刷鞋子、买菜、做饭、收拾餐桌、洗碗、倒垃圾等。

在学校生活中，需要购置衣物和生活用品、洗床单、洗被套、刷鞋子、叠衣服，还有宿舍生活中必须要完成的倒垃圾、擦窗户等集体生活劳动；在职业生活中，生活劳动也渗透其中，比如当你出差时就会面临一定时期的独立生活或集体生活。

生活劳动无时不在。生活劳动贯穿在每天的生活中，从每天早晨起床开始，刷牙、洗脸、做早饭、洗衣服、刷碗，到白天的拖地、洗杯子、买菜、洗菜、做午饭、整理杂物，到晚上的洗漱就寝。在人生的不同阶段，生活劳动能力有不同的要求，有了婚姻家庭后，照顾孩子、接送孩子上学、送家人出门、买衣服、陪老人散步、聆听家人的烦恼、了解家人的习惯、买水果、买柴米油盐、给家人搭配衣服、给婴儿换尿布、晚上给孩子盖被子等。这些都对个人的生活劳动能力有着现实的要求。

三、生活劳动能力的重要性

生活劳动能力是保障人类生存发展的前提。人类的生存发展，离不开基本的物质需求，如衣食住行、吃喝拉撒。人们需要在成长过程中不断积累与提升生活技能，满足自身成长的需要，构建起自身成长的有效循环系统。生活劳动能力强，个体的生存能力就强，对于环境的适应性也会更强，更能在不同环境的变化中生存下来，从而为谋求进一步的发展提供基本保障。如果失去了生活劳动能力，就会陷入无法正常生活，甚至是失去生活自理能力的状态，人们的生存与成长就会受到极大的限制。

生活劳动能力是人类获得其他能力的基石。人类的发展与进步，不可能仅仅局限于具备基本的生活能力，更体现在人基于健康成长的社会能力的发展上。人际交往的能力、学习知识的能力、服务社会的能力、创造性开展工作的能力等都是人全面发展所需的能力。无论何种能力的学习与培养，都建立在能够独立自主生活的基础之上。具备较强生活劳动能力的人，在学习与掌握其他能力时，可以产生能力的迁移，有助于更快掌握新的技能，更容易获得周围人的认可。

生活劳动能力是人类身心健康、和谐的基础。人的全面发展，需要身体健康与心理健康的有机统一。心智与心态的成熟，需要人们不断在生活中感悟人生，树立正确的世界观、人生观与价值观。生活劳动能力看似简单，但是要想真正地获得必须经过一个不断经历挫折、不断遇到坎坷的过程，而这个直面挫折与坎坷、不断克服困难的过程恰恰就是最有利于心智成熟的过程。在日常生活劳动中，人们能不断成长，心理年龄和生理年龄达到统一、协调。

四、大学生生活劳动能力的主要内容

生活劳动能力的具体内容与日常生活息息相关,大学生的生活劳动内容也较为丰富,我们依据劳动空间的不同,将其分为三类。

第一类,校内生活劳动能力,主要是指大学阶段在校园内从事生活劳动所需要的能力。例如:保洁能力(包括保持个人卫生、寝室卫生、校园卫生等基本生活能力)、沟通交往能力(包括处理好与室友、同学、老师、朋友等不同主体间关系的能力)、自我管理能力(包括安排好学习计划、活动计划、出行计划等各项能力)等。

第二类,校外生活劳动能力,主要指大学阶段在校园外和家庭外从事生活劳动所需要的能力。除了应当具备校内生活劳动能力之外,还应具备交际能力(包括在校外实践中的沟通能力、组织能力、协调能力等)、认识能力(正确认识社会、认识不同的社会成员的能力)、执行能力(有效解决实践活动、交往活动中相关问题的能力)等。

第三类,家庭生活劳动能力,主要指大学阶段在家庭中从事生活劳动所需要的能力。其大部分与校内生活劳动能力较为接近，此外还包含烹饪能力（独立完成早餐、中餐和晚餐的简单烹饪的技能）、采购能力（独立买食品等家庭日常生活用品的能力）、交往能力（重点指维护好自己与父母、亲戚及朋友之间的情感关系的能力）等。

五、大学生培养生活劳动能力的方法

自觉树立生活劳动意识。这是从思想上培养大学生生活劳动能力的起点。首先，要注重在大学生日常生活自理中强化劳动自立意识，体验持家之道，这也是大学生健康发展、适应社会生活的重要基础。其次，营造劳动光荣的氛围，让大学生能够自觉感知到进入高校独立生活，完成基本的生活劳动是自己的分内之事、应做之事。如果连基本的生活劳动能力都不具备，需要由他人代劳，或者总是完成得很糟糕，那便是一件极不光彩的事。有了这种生活劳动的自觉意识，才能促使大学生行动起来，不断增强自身的生活劳动能力。

积极投身生活劳动实践。这是培养大学生生活劳动能力的落点。高中时期，尤其是在高考的压力之下，"一心只读圣贤书，两耳不闻窗外事，两手不沾家务事"是一种较为普遍的现象。进入大学后，大学生首先面临的是生活方式的巨大改变，除了不用买菜、做饭，其他日常生活劳动基本上要由自己独立完成。刚进校的大一新生，尤其需要调整心态，积极应对，投身生活劳动实践，做好自己的生活之事，以前由父母代劳的事，现在要想办法独立完成。做好日常生活管理，整理好宿舍环境，保持干净、大方、整洁、阳光的个人生活形象，只有不断实践，才能不断增强自身的生活劳动能力。

第二节 生活技能

一、生活技能

生活技能是指个体的心理社会能力,是一个人有效地处理日常生活中各种问题、应对各种挑战的能力;是个体保持好的心理状态,并且在与他人、社会和环境的相互关系中,表现出适应和积极行为的能力[①]。

社会普遍认为一个人长大成人后就会具备基本的生活技能,这些生活技能往往来自家庭及学校。大学是学习生涯的较高阶段,大学时期的生活技能也应当步入较高阶段。可实际情况总是与设想背道而驰。当代大学生所具备的生活技能普遍局限于吃饱穿暖这样的低级阶段。

二、大学生缺乏基本生活技能的原因

首先,溺爱。自20世纪80年代计划生育政策实施以来,我国家庭关系产生了巨大的变化。一些家庭只有一个孩子,父辈二人甚至祖辈四人只有一个精神寄托,孩子的成长过程一直充盈着无微不至的关爱,成长过程中的一切问题都能得到解决。在父辈祖辈的羽翼下成长起来的幼鸟无须为生活烦扰,自理能力自然大幅下降。这样的溺爱行为客观上是不利于孩子成长发展的,然而主观上却又是广大家庭所无法避免的,这就需要学生在生活中自觉意识

---

① 马迎华,王凤清,胡佩瑾,宋逸:《〈生活技能教育与心理健康促进〉课程教学模式研究与效果评估》,载《中国学校卫生》,2007年第11期,第961~965页。

到问题的严重性，同时有意识地锻炼自己，培养和提高解决问题的能力。

其次，科技宠溺。新时代的大学生成长于互联网技术发展、智能手机普及的时代，对自动化、信息化、智能化等生活方式有较强的认同感和亲近感[1]。伴随科技的飞速发展、"互联网+"的兴起以及家庭生活条件的改善，网上订餐、网上购物、网约车等社会服务日益发达，大学生的日常生活已被淘宝、饿了么、滴滴打车等网络平台"入侵"。科技给人们的生活带来便利的同时，也助长了大学生的惰性，互联网成为绝大部分大学生解决问题的第一选择。这对于自制能力不强的学生来说是可怕的，代笔、代练甚至代课，总有这样一批人，宁愿付出高额的代价也不愿亲自完成那些有重要意义的事。这进一步弱化了大学生的生活技能。

最后，应试教育的影响。"一切为了孩子的学习"是很多家庭的生活宗旨。家庭围绕孩子转，孩子围绕学校转，已是难以阻挡的趋势。然而学校教育仅仅能培养专业技能，难以培养孩子的生活技能，学生远离生活，远离社会。"两耳不闻窗外事，一心只读圣贤书"的思想观念限制了家庭生活劳动。升学的压力为父母包办孩子生活事务提供了理由，大学生生活技能的缺乏与家庭教育的脱节有着重要联系，在学生的成长过程中家庭和学校同样重要。在校学习专业知识，回家培养劳动能力，这才是正确的成长路径。

三、大学生生活技能培养途径

大学生适应社会的能力是能够被培养和锻炼出来的。日常生活中有意识地加强自我管理意识，主动适应社会前进的步伐，逐渐调

---

[1] 刘宏森：《在劳动中走向"自立"——关于青少年劳动教育的一些思考》，载《山东青年政治学院学报》，2017年第5期，第1~8页。

整自己的生活节奏，以达到较好的社会适应状态。

1. 从小事做起

党的十八大以来，习近平总书记面向新时代，就"培养什么样的人"发表了一系列重要讲话，逐步形成人才培养的完整思想体系。全国教育大会首次明确提出要逐步形成德智体美劳全面发展的人才培养体系，明确将劳动教育与德智体美四育相并列。

随着社会生产力的发展，劳动的方式、对象、形态等都发生了深刻的变化，整体看来，新时代劳动与科技、知识的联系日益紧密，对劳动者的素质提出了更高的要求，具体表现为体力劳动与脑力劳动走向深度融合[1]。教育分为两个部分：学校教育和家庭教育。基本生活技能的培养更多来自家庭劳动。因此，锻炼当代大学生的基本生活技能应当从寝室劳动开始。一个寝室就是一个小家庭，方方面面都需要大学生维护。大学生应该从身边做起，从小事做起，扫一屋以至"扫天下"。

2. 加强自我管理，独立自主

自立人格是个体在解决所遇到的基本生存问题与发展问题的过程中形成的，其中包括个人与人际两个方面的独立性、主动性、责任性[2]。自立自强是中华民族的优秀品质，也是中国传统文化所倡导的人格品质。自立是建立在自我意识基础之上的自主独立。作为一个独立的个体，大学生应当具备独立人格，具备独立解决生存问题和发展问题的能力。自立同样是一种责任担当，对自己负责，对集体负责，对社会负责。大学生在面对日常生活、学习事务时，难免会遇到困难，应当具备自强自立精神，充分发挥主观能动性，利

---

[1] 卢心悦：《新时代大学生劳动教育研究》，华东师范大学博士论文，2020年。

[2] 杜林贤：《大学生自立人格与职业探索行为的关系》，福建师范大学博士论文，2011年。

用现实条件克服困难，完成任务。

3. 主动参与社会活动

大学生活是十分丰富的，大学生有充足的时间和精力走出校门、接触社会，在经历中锻炼生活技能。在课堂书本知识中成长起来的大学生对社会的复杂性知之甚少，积极参加社会实践活动能够为大学生打开新的窗口，有助于大学生了解国情、了解社会，能够帮助大学生正确认识自己在社会集体中的位置，增强大学生适应社会、服务社会的能力。大学校园亦是社会的缩影，积极主动地参加校园集体活动能锻炼学生的综合能力。在实践活动中需要亲力亲为，协调各部门、各岗位的关系，有助于发展组织协调能力和奉献精神，锻炼坚强的品质。

拓展阅读

洪战辉：用双手创造未来

1982年，洪战辉出生在河南省周口市一个普普通通的小村庄里。12岁前的洪战辉就和很多农村男孩一样，有着天真烂漫的童年。尽管家庭条件艰苦，但和家人在一起的日子平凡而幸福。然而这宁静安稳的生活却被打破了，1994年夏天的一天，父亲干活回家后，发起疯来，砸坏家里的东西，甚至将妹妹高高地举过头顶，狠狠地摔了下去。

妹妹死了，父亲疯了。对于12岁的洪战辉来说，幸福从这一刻起消失了。他开始用稚嫩的肩膀担负起照顾家庭的重任，照顾患病的父母、年幼的弟弟和后捡来的妹妹。然而一年后，不幸再次降临，不堪家庭重负和家暴的母亲逃离了这个家。年仅13岁的洪战辉为了养活弟弟妹妹，学会了烧饭、洗衣服，靠做生意和打零工赚钱养家。

读初中期间,洪战辉步行于学校和家之间,照顾全家人吃饭,学着卖鸡蛋、卖冰棍挣钱养家。后来,洪战辉考上了高中。他说:"接到录取通知书时,我正收拾行李准备出去打工。""我要去挣钱读书,我要养家。"洪战辉在工地上找了一份传递钉枪的工作。他拼命地干,一个暑假挣了700多元。高中开学了,开支增加了许多。要想照顾好家人、实现自己的理想,必须有一定的经济基础,于是打工挣钱成了洪战辉繁重学业之外最大的任务。

"没办法,我要读书,我要养家,就必须想办法挣钱!"从此,洪战辉在校园里,利用课余时间卖起了圆珠笔芯、书籍资料、英语磁带等,"鞋垫、袜子,只要能挣钱我都卖"。洪战辉说,只要学校张贴停电通知,他就赶紧去批发蜡烛,然后一个班一个班地去卖;他卖的圆珠笔芯油多笔头小,价格又便宜,售后服务好,很受欢迎。"其实,做再小的事,挣再少的钱,只要是努力得来的,一分一毫都值得自豪!"洪战辉说。

高二时,父亲病发住院。洪战辉在生活压力、家庭现状的逼迫下,不得不辍学。回到农村老家后,他收拾农田,照顾父亲,闲暇时教妹妹识字,农闲时做点小生意,挣钱补贴家用。后来,在好心人的帮助下,洪战辉再一次回到了校园。

再次回到校园的洪战辉还是要面对养家糊口的难题。为了挣钱,洪战辉努力发掘校园商机。他看到学生对复习资料的需求量很大,就利用星期天的时间,坐车到郑州批发图书回学校来卖。为了省钱,从郑州汽车南站到西郊的郑州图书城,他甚至有时步行几个小时。就这样,洪战辉边干活边读书,断断续续地完成了高中学业,走进高考考场。

洪战辉以490分的成绩被湖南怀化学院录取,新生报到当天他就干起了老本行,做了"小商贩"。销售电话卡,代理步步高复读机、电子词典和化妆品,供应纯净水,安装电话等。就这样,洪战

读书笔记

辉半工半读，在学校、老师和同学的帮助下，完成了学业。

洪战辉说："我会牢牢记住每一个帮助过我的人，我要成立一个基金来帮助更多的人。"他还说："我想告诉那些处于贫困中、挣扎中的人们，要保持一种平和的心态，不要怨天尤人，最主要的是你怎么去改变你自己，用什么样的方式去改变你自己。"

专题一　生活收纳伴我行

收纳，广义上讲就是物品的整理整顿，狭义上讲就是将生活或工作中的物品科学便捷地妥善放置。

收纳教育，特别是关于学生对于自己生活物品、学习用具的收纳整理意识、习惯、能力的培养，是新时期劳动教育与生活实际紧密结合的新途径。

1. 收纳教育可以培养学生正确的劳动观念和家庭责任感，让学生认识到劳动光荣，自己的事情自己做，不劳而获是可耻的。

2. 收纳教育可以帮助学生养成良好的个人习惯，尝试独立生活，做事有条不紊、有计划、有规划，从整理物品到整理空间，再到规划时间、规划人生。训练学生对于生活的整理、规划意识，这对学生将来的发展有非常深远的影响。

3. 针对现阶段劳动教育中出现的问题，把家居收纳教育纳入劳动教育中，能把劳动教育落到实处，贯穿在日常生活中，帮助学生形成习惯，这对学生今后的发展有重要作用。

【思考】

与大家分享打扫卫生、整理寝室内务的小妙招。

专题二　垃圾分类我定行

垃圾分类体现在生活之中的各个方面，是有效且经济的一种保护环境的方式，我们动动手就能做到，不需要大量的人力财力。

垃圾分类是指按照一定标准将垃圾分类储存、投放和搬运，从而转变成公共资源的一系列活动。把垃圾进行分类，可以提高垃圾的资源价值和经济价值，力争物尽其用，减少垃圾处理量和处理设备的使用，降低处理成本，减少土地资源的消耗，具有社会、经济、生态等几方面的效益。

在生活中，现行的垃圾分类标准将垃圾分为四类，分别是可回收物、厨余垃圾（湿垃圾）、有害垃圾、其他垃圾（干垃圾）。

可回收物主要包括废纸、塑料、玻璃、金属和布料五大类，简单地说就是可以进行多次循环利用的资源。

厨余垃圾包括剩菜剩饭、骨头、菜根菜叶、果皮等食品类废物。

而有害垃圾，则是指对人体健康有害的重金属、有毒的物质，对环境造成现实危害或者潜在危害的废弃物，包括电池、荧光灯管、灯泡、水银温度计、油漆桶、部分家电、过期药品及其容器、过期化妆品等。

其他垃圾包括除上述几类垃圾之外的砖瓦陶瓷、渣土、卫生间废纸、纸巾等难以回收的废弃物及尘土。

正确地对垃圾进行分类意义十分重大。利用现有的生产水平，将丢弃物按品类处理，将有效物质和能量利用起来，将无用垃圾填埋起来，这种处理方式可以减少占地，减少污染，有效改善城乡环境，变废为宝，促进资源回收利用。实行垃圾分类后的实际工作表明，可回收分解的垃圾占比高达50%，大大减少了垃圾处理工作量，给生态、社会和经济三方面带来显著的效益。

读书笔记

我国的环境情况局部有改善,总体却在恶化,环境污染和生态破坏日益成为我国经济与社会发展的重要制约因素。我国环境保护工作虽然取得多项进展,但形势仍然十分严峻。环境保护任重道远,除了需要全民的参与之外,一些官方的或者民间的机构在引领环保方面的作用也不可替代。在未来的环保进程里,环保机构和法规将会越来越完善,越来越多的人也会参与进来,贡献自己的光和热。祖国的未来一定既有青山绿水又有金山银山。

【思考】

当下大学生生活劳动能力存在哪些问题,如何提高自己的生活技能?

第六章　服务劳动

伟大的发展成就由人民创造,丰硕的发展成果也要由人民共享。"为人民服务"既是以人民为中心的价值追求,也是广大劳动者的殷切期盼。

习近平总书记强调,全心全意为工人阶级和广大劳动群众谋利益,是我国社会主义制度的根本要求,是党和国家的神圣职责,"劳动人民是国家的主人",要把"坚持崇尚劳动、造福劳动者"作为社会主义奋斗的目标。2015年12月27日,新高等教育法第四条新增了"为人民服务"与"社会实践"相结合内容;第五条关于高等教育任务表述中增加了"社会责任感"的要求。这些思想和举措既是对马克思关于"实现人的自由全面发展"思想在新时代的新阐释、新解读,也是对高等教育发展改革进程中出现的矛盾和问题的制度回应,更是对我国高等教育未来改革发展的制度引领,彰显了我国高等教育改革发展的价值取向。这些思想和举措既重申了社会主义制度下劳动者自身价值实现的回归,又高扬了劳动者在社会主义社会的主人翁地位。为了实现"为人民服务"这一价值追求,必须通过服务劳动增强广大青年的劳动精神和服务意识。

第一节　服务劳动概述

一、服务劳动能力的概念

马克思主义劳动观认为，劳动可以分为生产性劳动和非生产性劳动。服务劳动与生活劳动同属于非生产性劳动，是为他人和社会创造价值的劳动。服务劳动能力，是劳动能力中的一种，主要指为他人和社会做事情、使他人和社会受益的劳动能力。公益劳动、志愿者服务是其中比较有代表性的劳动形式。

二、服务劳动能力的主要内容

什么才是好的服务劳动？好的服务劳动需要具备哪些能力呢？

第一，语言能力。语言是服务劳动中与他人建立良好关系、留下深刻印象的重要工具和途径。语言是思维的物质外壳，它体现服务人员的精神涵养、气质底蕴、态度性格。被服务人员能够感受到的最重要的两个方面就是服务人员的"言"和"行"。服务劳动过程中，要注意语言自然流畅、语气和蔼可亲，在语速上保持匀速，任何时候都要心平气和，礼貌有加。那些表示尊重、谦虚的语言常常可以缓和语气，如"您、请、抱歉、假如、可以"等。针对不同的对象，在不同的时机，应当恰当地调整自己的"言"和"行"，进行适当得体的表达。另外，还有一种的重要语言——肢体语言常常容易被人们忽略。根据相关学者的研究，肢体语言在内容的表达中起着非常重要的作用。在服务劳动过程中，恰当地使用肢体语言，如运用恰当的手势、动作，与口头表达语言联袂，共同营造出易于接受和满意的表达氛围。

第二,交际能力。无论是公益劳动,还是志愿服务,通常服务劳动较多发生在人际交往集中的公共场所,服务劳动过程中,会与同学、老师、工作人员等各类人员进行广泛的接触,并且会基于服务劳动而与这些人员产生多样的互动关系,妥善地处理好与不同对象的交往关系,将会使他人感到被尊重、被看重、被优待。这一感受的获得将会有利于自我形象宣传与人格定位,对于开展各类实际工作具有不可估量的无形价值。良好的交际能力是开展服务劳动的重要基础。

第三,观察能力。服务劳动过程所提供的劳动有两种。第一种是任务明确的服务劳动。只要具备相应的服务劳动能力,并且有效执行,就可以完成服务劳动。这种服务是被动性的,一般来说是比较容易的。第二种是服务对象没有想到、没法想到或正在考虑的潜在服务劳动。这种服务劳动就需要服务劳动人员具备敏锐的观察能力,能够善于发掘劳动对象的这种潜在需求,并把这种潜在的需求变为及时的实在服务劳动。这种服务劳动更强调主动性,其实质就在于善于"想他人之所想,急他人之所急",是所有服务劳动中最有价值的部分。

第四,执行能力。现代管理学之父彼得·德鲁克说:"决定组织成败的90%是执行,再好的管理理论如果没有执行,都是空谈。"在开展服务性劳动过程中,最好的服务劳动就是执行。执行能力的高低、有效性最终决定着服务劳动的成效。伴随着社会的发展进步,服务劳动越发呈现出专业化的特点。服务劳动的专业化需要专业的知识技能作为基础。因此,大学生需要不断丰富专业知识,加强劳动实践,提高知识转化为技能的本领,这样才能在服务劳动中体现出强有力的执行力,提升服务劳动的水平。

第五,应变能力。因其服务对象与场所的广泛性,在服务劳动过程中出现突发性事件是屡见不鲜的。在处理此类事件时,服务劳动者要善于站在对象的立场上，要善于倾听，设身处地为服务对象着想。服务劳动的双方"共情"能让双方相互理解，更容易达成相同的目标。产生不可避免的矛盾时，要首先分析自己的问题，敢于承认错误，适度的让步可以更好地降低服务劳动对象的心理预期，从而实现共同的目标。

三、增强服务劳动能力的方法

增强服务意识，提升服务劳动品质。要增强社会责任意识，明确自己在服务劳动中的工作职责，对每项具体劳动有强烈的责任心，把全面完美地履行职责当作自己的义务，不断培养良好的社会公德。要增强团队协作意识，坚持"集体荣誉"是"我们"的最高荣誉的思想，明确"我们"是团队的重要组成部分，长期习惯从"我们"的角度去思考和处理劳动中的问题。要增强换位思考意识，理解劳动对象的不良情绪，在服务劳动中设身处地为对方着想。要增强反思意识，时常保持"是否有更好的方法""还有没有改进的余地""我有没有哪里做得不合适"的思路，多想想"为什么"服务对象满意或不满意。只有这样，才能不断提升服务劳动的品质。

学习服务技能，提升服务劳动本领。服务劳动具有较强的时代特征，注重利用知识、技能、工具、设备等为他人和社会提供服务，特别是大学生在参加公益劳动、志愿服务过程中，利用自己的专长服务于特定群体，一方面能够在实践中应用所学的知识，另一方面也是对所学知识的实践检验。服务劳动的过程也是实现"知行合一"的过程。要学习专业知识，不断强化自己的专业特长，使自己成为某一领域中具有一定竞争优势的人，通过服务劳动不断检验自己所学，在服务劳动中不断体现自己的价值。要学习劳动本领，明确课本之外的知识也是人生必备的，需要在生活中不断积累、反思、学习，要善于向他人、向更优秀的人学习，将他们的优秀品质熔铸进自己的体内，内化自己的劳动本领。所以，大学生要善于学习，坚持用"学习力提升服务力"。

第二节　校园服务劳动

一、校园服务劳动的目标

高校肩负着人才培养、科学研究、社会服务、文化传承与创新、国际交流合作的重要使命，在完成立德树人这一根本任务，培养德才兼备、全面发展的中国特色社会主义合格建设者和可靠接班人的过程中，必须通过校园服务劳动强化大学生劳动情怀，让广大青年学生以"服务人民"为光荣使命。

2020年3月20日，中共中央、国务院印发了《关于全面加强新时代大中小学劳动教育的意见》，明确提出，"中小学劳动教育课每周不少于1课时，学校要对学生每天课外校外劳动时间作出规定"，"大中小学每学年设立劳动周，可在学年内或寒暑假自主安排，以集体劳动为主"。要注重围绕丰富职业体验，开展服务性劳动和生产劳动，使学生熟练掌握一定劳动技能，理解劳动创造价值，具有劳动自立意识和主动服务他人、服务社会的情怀。在新形势下，高等院校为了更好地培养社会需要的人才，必须践行马克思主义劳动价值观，积极开展劳动教育实践，为学生的全面发展奠定坚实基础，让校园劳动教育的实施有切实的抓手。

二、校园服务劳动是学生集体主义思想形成的重要途径

校园服务劳动可以增进大学生的集体意识。克鲁普斯卡雅认

读书笔记

为:"个人主义者把'我'置于一切之上,他们与群众对立起来;而集体主义却将自己置于群众之中,视自己为集体的一部分。"[①] 劳动在人类发展过程中经常以集体的形式出现,集体劳动保证了人的生存和社会的发展。以集体的形式开展劳动能够发展学生个体的社会性,特别是能培养学生团结友爱和互助的精神。纯粹个体式的"劳动",纯技能的劳动、竞赛,形式主义的劳动,会使劳动与人的发展、劳动与社会发展之间的天然纽带变得松散,这就偏离了社会主义的劳动教育价值观。

学生的成长成才离不开集体,劳动教育也是以集体的形式开展的,这就要求在实施劳动教育过程中要注重引导学生树立集体主义的观念。苏霍姆林斯基指出:"这种对别人的需要感产生于集体劳动之中,也是整个集体劳动生活中最重要的东西。"[②] 学生在这个过程中感受到自身力量与集体力量的融合,体验到自己对于集体的价值以及集体对于自己的意义,享受需要感与被需要感。集体主义教育是劳动教育中不可或缺的组成部分,对于促进同伴合作、加强团队凝聚力、促进集体意识的发展具有积极意义。

三、校园服务劳动的基本内容

校园服务劳动能够引导广大青年学生主动构建良好学习生活环境,其基本内容主要包括校园内的卫生、美化、管理和实验室整理等。

改造生存环境的劳动是人们所有劳动当中最为基础的劳动。我国自古就有"一屋不扫,何以扫天下"的训诫,清朝文学家刘蓉在

---

① [苏]克鲁普斯卡雅:《克鲁普斯卡雅教育文选》,卫嘉译,北京:人民教育出版社,1959年,第307页。
② [苏]苏霍姆林斯基:《培养集体的方法》,安徽大学苏联问题研究所译,合肥:安徽教育出版社,1979年,第100页。

《习惯说》中也提出了"一室之不治,何以天下家国为"的观点。在很多年轻人看来,"一屋不扫"只是缺乏意愿,而不是缺乏能力,忽略了"扫一屋""治一室"是一个持之以恒的过程,可以培育一个人的基本习惯和才干。从个人宿舍的卫生到校园内的卫生、美化、管理和实验室整理等,不仅需要大学生的自律,同样需要规章制度的他律,需要掌握构建美好环境的专业技能。通过有效地改造和维护校园,广大青年学生在服务劳动中,从被动适应生存环境转变为主动优化生存环境,同时从劳动过程当中体验劳动的付出和获得感,懂得更加尊重劳动成果,从而养成健康的生活习惯和生活方式。

正如校园存在于社会中一样,校园服务劳动也是社会服务劳动的重要组成部分。校园服务劳动作为一种社会现象,同样具有复合性的特点,蕴含着学校传统、领导作风、教师教风、学生学风、专业课教学、校园环境、制度建设等丰富内涵,而这些恰恰是高校开展劳动教育、培育大学生劳动价值观的重要途径。校园服务劳动建设的多种载体和多样化形式,为劳动教育的有效开展提供了广阔的平台,拓宽了劳动教育的实践形式,形成了多部门、多载体、多种形式共同培育大学生劳动价值观的合力；而劳动教育的深入开展，又会为校园文化建设提供有力抓手，进一步助推校园文化建设，提升校园文化建设的内涵和层次，服务于人才培养目标的实现。

四、校园服务劳动主体

高校教职员工是校园劳动的先锋示范。高校是人才培养的摇篮，教师是人才的培养者。

高校教师不仅要"传道、授业、解惑"，还要做到"行为世范"，通过自己的言传身教，引导学生树立正确的价值观。高校要在加强师德师风建设上下功夫，将劳模精神、劳动精神、工匠精神纳入师德师风的内涵，将师德师风建设同思想政治工作、教学科研工作同研究、同部署、同落实；在深化新时代教育体制改革、建立科学的教育评价导向上下功夫，用劳动教育的内涵丰富高等教育理念，着力建设一支为人师表、治学严谨、认真负责、耐心细致、开拓进取的高水平教师队伍和热爱劳动科学，具有劳动精神、工匠精神的科研队伍；在宣传引导上下功夫，重视模范教师的选树工作，广泛宣传优秀教师崇尚劳动、勤于劳动、以身作则、率先垂范的先进事迹，以教师高尚的人格魅力和模范的言行举止为学生做示范。

学生成为劳动教育的时尚表率。挖掘学生日常中勤奋刻苦、诚实守信、勇于创新的点滴，整理学生党员中信念坚定、攻坚克难、默默奉献、奋力拼搏的事例，采访各届校友中自强不息、勤于钻研、苦干实干、创新创业的故事，并以他们的成长经历引导大学生正确认识劳动，积极参与劳动。这些学生典型、身边榜样正是引领校园时尚的明星。开展创新创业系列讲座、创新创业作品设计大赛，开辟大学生创新创业园区，鼓励大学生积极参与创新创业，在劳动中成就未来；以"探寻劳模成长历程"为主题组织社会实践活动,带领大学生深入劳模工作单位,感受一线劳动的魅力;引领学生参与志愿服务,在服务他人的同时,收获劳动的快乐。同时,充分发挥高校的科研优势,引导师生申请劳动教育研究课题、举办劳动精神专题论坛,邀请专家学者、劳模代表、优秀校友进行主题讲座,为开展劳动教育、传播劳动精神提供智力支持和理论支撑。

第三节　社会服务劳动

习近平总书记指出:"重视实践育人,坚持教育同生产劳动和社会实践相结合,广泛开展各类社会实践,让学生在亲身参与中认识国情、了解社会,受教育、长才干。"[①]高等教育培养的专业人才是未来的高素质劳动者,承担着服务社会、报效国家的重要使命,所以高校的劳动教育应以大学生社会服务效用最大化为人才培养目的和归宿。在高校的人才培养过程中,以多元化的社会实践为载体可以最大限度地发掘学生潜能,持续提升青少年学以致用、创新创业的能力。

劳动教育最突出的特点就是实践性,社会服务劳动是大学生接受劳动教育的有效载体。大学生参与社会服务劳动,就是大学生以社会主体的身份主动参与学习、接受教育的过程,有利于大学生实现从被动接受或接受的第三人向自我学习、主动学习第一人的转变。通过社会劳动可以引导大学生从空间地域的限制中走出来,在社会实践中去校验知识、思考论证、提升技能,感受劳动精神的真谛,品尝劳动教育的成果。

[①] 中共教育部党组:《深入学习贯彻习近平总书记关于青年学生成长成才重要思想 大力培养中国特色社会主义建设者和接班人》,载《光明日报》,2017年9月8日。

一、社会服务劳动的意义

社会服务劳动体现教育与生产实践的结合。劳动教育不仅从理论高度重新定义劳动的概念、意义与价值,更倡导在实际行动上身体力行。高校要充分结合办学特色和专业设置特点,科学合理安排专业实习和社会实践。教育与生产劳动相结合是社会主义教育的根本原则。坚持教育与生产实践相结合是对我国优秀传统文化的传承。"格物致知"源于《礼记·大学》,意思是"推究事物的原理法则而总结为理性知识",这个推究和总结的过程就体现了深刻的实践观念。"学而时习之"是孔子的重要学术思想,意思是学过的内容要经常实践。生产劳动和社会实践与教育相结合是党一贯秉承的教育方针。"实践出真知""实践是检验真理的唯一标准"都强调了实践的重要性。2001年国务院发布的《关于基础教育改革与发展的决定》,明确指出"坚持教育必须为社会主义现代化建设服务,为人民服务,必须与生产劳动和社会实践相结合,培养德智体美等全面发展的社会主义事业建设者和接班人"。

社会服务劳动践行"实干兴邦"劳动实践观。习近平总书记多次强调"空谈误国,实干兴邦",强调"人世间的美好梦想,只有通过诚实劳动才能实现"。所以,"要在全社会大力弘扬真抓实干、埋头苦干的良好风尚"。新时代高校的劳动教育不应停留在简单的体力劳动上,要培养能够应对重大挑战、善于创新创造、勤于实践、乐于奉献的高素质劳动者。社会服务实践是劳动的一种预备形式,也是就业选择的一种可能,在社会服务中建立的劳动观念、锻炼的劳动能力,将对学生未来职业选择产生影响。要给予学生充分的机会,提倡"教育即生活""学校即社会"等理念。高校学生要在社会服务实践中勇于创新,在志愿服务中践行奉献,从而深化对劳动创造人、劳动创造世界的认识。国家经济实力的增强、市场活动频率的增加、各类信息手段的广泛应用，为学有余力的大学生提供了跨出校门进一步提升实践能力的机会：一是提前加入劳动大军，以社会兼职或专业实习的形式体验职场生活，边干边学，运用专业知识解决工作中遇到的实际问题；二是积极参加行业主管部门、行业协会、大型企业、高校专业联盟等组织的各类专业技能大赛，在竞争中提升自己的专业实践能力；三是注重自身公共服务意识的培养，结合"三支一扶"、大学生志愿服务西部计划、"三下乡"等社会实践活动参与服务性劳动，强化公共服务意识和面对危机主动作为的奉献精神，运用专业知识和专业技能回馈社会。

二、社会服务劳动途径

志愿服务是提供社会服务劳动的有效途径。参加志愿服务能使高校学生开启理论与实践相结合的行动自觉，将劳动教育转化为自身的行为习惯和社会参与的能力。志愿服务作为大学生思想政治教育和承担社会服务职能的载体，能不断激发青年学生奋斗实践、为中国梦矢志奋斗的正能量，最终推动大学生在接力奋斗中实现伟大复兴中国梦。高校要围绕"培养德智体美劳全面发展的社会主义建设者和接班人"这个时代主题，在党委领导的"一心双环"的团学组织新格局下，不断深化以劳动为主题的教育活动。积极打造关注一线劳动者的社团，通过开展劳动支教、劳动快闪、知识宣讲、慰问演出等志愿活动，倡导大学生关注劳动群体，不断推进劳动教育落地生根。同时积极创作劳模故事汇、劳模事迹巡演、青年劳动之声等以劳动教育为主题的优秀网络文化作品，不断壮大网络正能量，弘扬劳动主旋律。鼓励大学生在假期积极参加各类志愿服务活动，如大学生志愿服务西部计划、学雷锋志愿服务等，在实际行动中弘扬和践行劳动精神。

读书笔记

　　社会公益事业是提供社会服务劳动的重要途径。社会公益劳动，指公益性的义务劳动，是弘扬中华传统美德的延续，是构建社会主义和谐社会的内在要求，是建设社会主义精神文明的重要内容。[①]大学生是高等教育的接受者，是社会发展的主力军，也是社会公益活动发展的中坚力量。社会公益劳动能够帮助大学生更加了解社会，参与服务社会，培养社会公德意识，增强社会责任感，提升综合素质；能够促进社会进步，为构建和谐社会创造条件。当代大学生应积极投身于社会公益组织或活动，如中国大学生公益者协会、植树公益活动"百万森林"等，为人民服务、为社会作贡献。大学生一方面投身社会服务，在实践中丰富阅历、增加认知、增长技能，另一方面在实践中体会劳动精神、领略劳动实质，享受劳动的喜悦，在社会服务中提升自我。

　　加强社会服务劳动与生涯教育和就业指导的融合协作。劳动教育内容丰富，自然要求形式多样，更要求参与主体多元化。高校职业生涯教育与就业指导对接劳动教育，可以在条件允许的情况下鼓

---

① 向春玲：《试析社会公益事业在构建和谐社会中的作用》，载《理论视野》2006年第4期，第32~33页。

励学生参与真正的劳动实践。结合高校职业生涯教育和就业指导，组织内容丰富、形式多样的教育活动，能够帮助学生体验劳动过程的全部艰辛和欢乐，增强劳动责任感。采取不同方式关注、支持、鼓励学生参与劳动教育实践，在此基础上分享交流感受，这对塑造劳动品格是十分有意义的。学生参与的专业实践活动，立足第一课堂专业知识的实践运用，检验掌握专业知识、运用专业知识能力的同时，帮助他们培养正确的道德观念、职业理念、创业意识，鼓励他们利用专业知识为基层劳动者服务。

高校加强社会服务劳动教育，既能引导新时代大学生努力学习科学文化知识，练就过硬本领，又能教育大学生坚定理想信念、培育劳动情怀。高校在开展职业生涯教育和就业指导过程中，有意识地融入劳动教育的基本内容，通过专业实践、志愿服务、工学结合、毕业实习等多种途径让学生感受劳动带来的快乐与成长，帮助他们端正劳动态度、树立职业意识、孵育创业品质，为实现高等教育人才培养目标服务。

拓展阅读

新西部、新生活、新成长

2003年，团中央、教育部、财政部、人力资源和社会保障部根据国务院常务会议和全国高校毕业生就业工作会议精神，联合实施大学生志愿服务西部计划，招募一定数量的普通高等学校应届毕业生或在读研究生，到西部基层开展为期1~3年的志愿服务工作，鼓励志愿者服务期满后扎根当地就业创业。

西部计划按照服务内容分为基础教育、服务三农、医疗卫生、基层青年工作、基层社会管理、服务新疆、服务西藏7个专项。西部计划2018年实施规模为18300人，其中包括2100多名中国青年志

读书笔记

愿者扶贫接力计划研究生支教团成员。

西部计划实施15年来，已累计选派27万余名大学生志愿者到中西部22个省区市及新疆生产建设兵团的2100多个县市区旗基层服务。西部计划实施以来，综合成效明显。作为实践育人工程，引导具有理想主义情怀的青年人，通过火热的西部基层实践进一步坚定理想信念，锤炼意志品格，升华志愿情怀；作为就业促进工程，引导和帮助高校毕业生树立正确的就业观，并为他们搭建到西部去、到基层去、到祖国和人民最需要的地方去干事创业的通道和平台；作为人才流动工程，鼓励和引导东、中部大学生到西部基层工作生活，促进优秀人才的区域流动；作为助力扶贫工程，以西部计划志愿者为载体推动校地共建，引导高校资源参与到当地的脱贫攻坚工作中。

西部计划是国家重大人才工程"高校毕业生基层培养计划"的子项目，是引导和鼓励高校毕业生到基层工作的5个专项之一。党中央、国务院高度关心西部计划志愿者，高度重视西部计划和研究生支教团工作。习近平总书记曾多次作出批示或给志愿者回信，肯定志愿者们在西部地区辛勤耕耘、默默奉献，为当地经济社会发展、民族团结进步作出了贡献，勉励越来越多的青年人以志愿者为榜样，到基层和人民中去建功立业，让青春之花绽放在祖国最需要的地方，在实现中国梦的伟大实践中书写别样精彩的人生。

专题一　校园服务我先行

让爱心在微笑中传递

冬日里的一束暖阳让我们觉得无比温暖，志愿者就像冬日暖阳，他们不断付出，不求回报，给需要帮助的人带去温暖与感动。

习近平总书记说:"作为志愿者,无论是在台前还是幕后,无论是迎来送往还是默默值守,都可以在这场青春盛会中展现自己的风采。"在安徽农业大学的校园里就有这样一群学生,他们以独特的"服务",将同学们的一些"烦恼"变为了充满暖意的"爱心"。

也许你平时会有烦恼,不需要的物品丢了觉得可惜,不丢又实在腾不出空地来安置它们。别着急,他们来帮你解决烦恼啦!

"如果你有不需要的物品,可以捐赠给我们。我们将面向全校进行再次义卖,并将所得善款全部用于公益事业。"这是安徽农业大学青年志愿者联合会长期以来开展的一项名叫"冬日暖阳"的互助活动。每年的国际志愿者日,青志联的同学们都会开展为期3天的义卖活动。在整个活动开展期间,许多同学积极参与,无偿捐赠爱心书籍、玩偶、手工艺品等物品。青志联统一组织志愿者将所有的物品进行归类整理、明码标价,并在校园内进行线上和线下售卖活动。售卖所得的善款将统一捐赠给合肥市所辖县区的福利院、养老院等场所。2020年,在疫情防控期间,义卖活动依然继续。所获得的善款全部捐往由合肥市包河区快乐童年阅读坊成立的民间公益组织"口罩天使中途宿舍",此举得到了社会的广泛赞扬和认可。

明码标价的捐赠物品标注的不仅是商品的价格,更是同学们自身无价的爱心。学校青年志愿者在寒冬中站立在展台旁服务,并且不辞辛苦地整理着大家捐赠的物品,都在无声叙说着"爱心无价"。"冬日暖阳"义卖活动开展至今,已经成为校园里一道亮丽的风景线,是校园劳动服务的一种生动体现。她将一份份爱心从四面八方汇聚到展台,又被每一位在展台前短暂停留的同学携带在身,播撒在校园里的每一个角落。

除了青志联的义卖活动以外,校园里别出心裁的劳动服务活动还有很多,比如爱心社的"跳蚤市场",这是一个特意为每年的毕业生搭建的交易服务平台。每年的毕业季,校园内处处活跃着毕业

读书笔记

餐厅清扫

生的身影,他们忙着准备各自的毕业论文答辩、找寻适合自己的工作、办理各种毕业手续或是准备去往自己心中一直向往的校园继续深造……陪伴他们走过了美好大学生活的书籍等一些物品对他们来说可能再无用武之地了。为了使他们的学习及生活用品等可以得到更好的利用,那些看不完的书、摆不完的精品,都可以通过一年一度的"跳蚤市场"来处理,低年级同学有机会在这里低价或者免费得到自己需要的东西,并且还可以向很多优秀的学长学姐取经。爱心社精心搭建的这一服务平台深受同学们的喜爱,不仅大大提高校园里旧书旧物的循环利用效率,避免资源浪费,而且很好地将毕业生对母校的浓浓情谊传递下去,给四年的青春留下美好的回忆。

【思考】

你参加过哪些校园服务劳动,有什么收获?

专题二　志愿服务我常行

坚守十四年的"四点半"课堂

5月25日，是每年的全国大学生心理健康日。这一天，位于合肥市亳州路水西门社区的老少活动中心，聚集了很多可爱的小朋友和大学生志愿者。由安徽农业大学经济管理学院举办的"多彩童年·向阳成长"的"四点半"课堂特色活动正热火朝天地进行着。志愿者带领小朋友们进行热身游戏"童年的旋律"，小伙伴们唱响美丽动听的儿歌，在一首首儿歌中感受着童年的单纯与美好。接着，给童年加点"蜜"的游戏开始了。房间里各个角落一共"隐藏"着十个糖果，哪个小组可以在最短的时间内找出香甜的糖果，就可以额外获取一份精美的小礼品。最后一个游戏"烦恼像泡泡，吹跑就忘掉"，是孩子们玩得最开心的。小朋友们分成两组，每组小伙伴依次吹泡泡水，来回运输泡泡，一个个被运送的泡泡就像"讨厌"的烦恼，吹走了也就解决了。整个下午，活动中心到处都可以听到孩子们欢快的笑声。

"四点半"义务支教课堂是安徽农业大学经济管理学院给每天16时30分放学的城市务工人员子女，提供学习指导和健康娱乐的志愿服务项目，是利用社区资源创办的一所特色明显的社区公益学校，是以志愿服务活动培养高素质人才和强化青年思想价值引领的重要载体。项目成立于2007年，依托合肥市亳州路街道水西门社区资源，联动高校学生志愿者，充分发挥双方优势，在辅导学生学习的同时，积极开展素质教育活动，促进学生德智体美劳全面发展。同时，高度关注学生的心理健康，消除孩子对陌生城市的排斥，增强其对城市的归属感。十四年来，一批又一批大学生志愿者风雨无阻，只为坚守"服务"的初心，每年平均参与人数达1200人次。

在十四年的传承创新中，"四点半"课堂活动形式日益丰富多彩，得到了社区家长朋友的一致好评。主要包括：【日常辅导】每周一至周五下午4:30至6:00，志愿者都会前往社区，辅导小朋友们的课程作业，巩固课堂知识；【课余活动】开展绘画、诗歌朗诵、手工制作等课外兴趣活动，培养孩子们的综合素质，促进德智体美劳全面发展；【安全心理小课堂】围绕心理健康、防灾避险、安全常识等开展主题教育，提升孩子们的安全防范意识；【特色活动】每月根据重要时间节点，结合学生兴趣，开展"六一"儿童节、国庆主题教育、疫情防控主题教育、党史学习教育等室内外特色活动；【走进安农】结合学校特色，带领小朋友们参与农耕文化节、绿色课堂等具有农大传统的活动；【暑期夏令营活动】利用暑假开展形式多样的活动，丰富学生假期生活，让学生度过安全、充实、愉快的快乐暑假。

在十四年的传承创新中，"四点半"课堂运行机制逐渐完善，各项志愿服务活动制度化、体系化、规范化。如建立合作机制"联动强"：高校联合社区建立长期合作机制，充分借助校内外各组织的力量，群策群力、通力合作，共同推动志愿服务事业更好发展。志愿服务活动"制度化"：团队通过规范志愿者招募注册、加强志愿者培训管理、建立志愿服务记录制度等措施对志愿者实行规范化管理和记录，不断建立健全志愿服务工作运行机制。志愿服务活动"内容多"：除常规活动外，开展课外兴趣小组、传统节日庆典、暑期夏令营等特色活动丰富学生的课余生活，并定期进行专业心理辅导。与时俱进活动"理念新"：注重紧随国家政策与宏观背景，2020年在全民抗"疫"的背景下，响应"停课不停学"的政策，积极开展线上教育；2021年，为庆祝建党100周年，有针对性地开展红色党史学习教育，培养小朋友的红色基因。

在十四年的传承创新中，"四点半"课堂面向学生、面向家长、面向社会，取得一系列成效。面向学生，做好思想引领。项目除了为小学生提供课业辅导和健康娱乐之外，通过多元化的服务方式，促进小学生个人全面发展，提升他们处理困难及压力的能力，帮助他们深入了解自我；项目注重挖掘小朋友潜能，改善并培养其良好的生活行为和习惯，帮助他们形成正确的世界观、人生观和价值观，促进孩子德智体美劳全面发展。面向家长，解决后顾之忧。项目所服务的社区孩子们普遍存在缺少父母陪伴、无人对其进行课业辅导等现象。项目开展至今，在很大程度上解决了家长们的后顾之忧，帮助家长解决辅导孩子功课的难题，协助家长与孩子建立良好沟通环境，使得家长更充分、全面地了解孩子，改善亲子关系。面向社会，共建和谐社会。2020年全国两会政府工作报告中指出："发展更加公平更高质量的教育，深化教育评价改革，健全学校家庭社会协调育人机制。"这既给高校发展指明了方向，也为"三全育人"工作格局实现提供了保障。项目响应政府工作报告目标，呼吁社会加强对弱势群体关注、推动教育公平、共建和谐社会，进而

读书笔记

探索、总结出社区"四点半学校"的运作管理模式,探索建立社区教育与学校教育、家庭教育衔接互动的长效机制。

十四年风雨兼程,十四年初心不悔。"四点半"义务支教课堂项目先后获得2018年中国青年志愿服务项目大赛银奖、安徽省第四届青年志愿服务项目大赛一等奖、庐阳区"优秀志愿服务项目"、《合肥晚报》"十佳帮客"志愿服务项目等荣誉,被中安在线、凤凰网、《市场星报》等媒体进行广泛报道。

【思考】

请结合专业实际,设计一个志愿服务实践方案。

第七章 生产劳动

第一节 生产劳动概述

一、生产劳动的概念

生产劳动是人类社会生活的最基本内容,人的自由、自觉的创造活动以及才能、智慧、品格、意志、情感等本质力量最直接、最集中地体现在生产劳动之中。马克思在《经济学手稿》中写道:"如果我们把劳动能力本身撇开不谈,生产劳动就可以归结为生产商品、生产物质产品的劳动。"[①]生产劳动是指劳动者借助劳动资料,使自己的劳动作用于劳动对象,按照预定的目的生产某种产品的活动,是创造物质财富和剩余价值的劳动,它与非生产劳动(生活劳动、服务劳动)相对应。

大学生的生产劳动是指能够为大学生提供职业体验或为未来职业奠定一定基础的劳动形式。例如,大学生在工业、农业、交通运输业、建筑业等行业中参加实习见习等活动。

---

① 《马克思恩格斯文集》第8卷,北京:人民出版社,2009年,第234页。

二、生产劳动的重要性

理论与实践相结合是马克思主义理论的根本观点。马克思在《政治经济学批判大纲》中提道:"在再生产的行为本身中……生产者也炼出新的品质,通过生产而发展和改造着自身,造成新的力量和新的观念,造成新的交往方式、新需要、新语言。"列宁也曾有过类似的表述:"没有年青一代的教育和生产劳动的结合,未来社会的理想是不能想象的;无论是脱离生产劳动的教学和教育,或是没有同时进行教学和教育的生产劳动,都不能达到现代技术水平和科学知识现状所要求的高度。"[1]这就表明,人的成长不仅要学习理论知识,也同样离不开生产劳动实践,理论要与生产劳动相结合。实践既改造了客观世界,同时又改造着人自身。

实现人的全面发展,根本在于劳动能力的全面发展。马克思和恩格斯在《德意志意识形态》中使用"个人全面发展"这一概念,并且指出个人全面发展实际上就是"全面发展其才能"[2]。劳动不仅发展着世界,还创造了人类,促进人的自由解放和全面发展。只有劳动才是创造价值的唯一源泉。个人在为社会创造物质财富的同时,能够获得合理的自身生活所需的物质资料,这是现代化大生产条件下,人们生存所必须具备的基本技能之一。生产劳动能力作为为社会创造物质财富的能力,是人类社会发展进步的基础,也是社会精神财富不断积累的重要前提。

教育同生产劳动相结合是我国教育事业的重要指导原则。教育关系着"培养什么人、怎样培养人、为谁培养人"这个根本问题。习近平在纪念马克思诞辰200周年大会上的重要讲话指出:"实践的

---

[1] 《列宁全集》第2卷(第二版增订版),北京:人民出版社,2013年,第463~464页。

[2] 《马克思恩格斯全集》第3卷,北京:人民出版社,1960年,第84页。

观点、生活的观点是马克思主义认识论的基本观点，实践性是马克思主义理论区别于其他理论的显著特征。"教育不能离开实践，需要与生产相结合。在生产劳动中开展教育活动，可以培育大学生的劳动观念，使其获取劳动知识、提高劳动能力，这种教育同生产劳动相结合的观点应贯穿于人才培养的全过程。当然，对于教育要与生产劳动相结合的强调并不意味着对其他能力的否定，也不意味着人的全面发展仅仅局限于劳动能力的发展。

生产劳动能力的培养是大学生职业发展的奠基石。高等教育的人才培养不同于其他阶段教育的一个重要内容，就是培养的人才毕业后直接对接社会岗位，开启职业生涯。因此，高等学校的劳动教育在促进学生劳动价值观形成、培养学生良好的劳动素养的基础上，必须为大学生能够更好地从事职业劳动做好充分准备。现实中，用人单位在招聘大学毕业生时，也往往希望其能够具备一定的实际工作能力和实际生产经验。当前，大学生的生产劳动能力培养主要是通过实习实训这一实践教学环节来实现的，对于培养学生专业实践技能、理论联系实际能力、分析解决问题的能力，以及树立劳动观念、提升思想道德觉悟和劳动就业素质与能力等方面具有重要的作用。

三、大学生生产劳动的主要形式

就业是民生之本，关系亿万人民群众的切身利益，大学生就业始终是一个必须长期面对和高度重视的重要问题。高校需要大力加强大学生就业创业的培训，帮助大学生尽快完成从校园到社会、从课堂到企业的心理调整和角色转变，尽快融入工作环境中，发挥自己的专长，实现自己的价值。

当前，高校开展生产劳动教育的主要形式是实习、实训。

大学生实习，是指在校大学生进入政府机关、企事业单位和社会团体等用人单位进行教学实习、生产实习、顶岗实习，以开展实践教学、培养学生工程与实践能力和创新精神，包括在校内校外的工程训练中心、专业实训中心、实习基地的各类实习实践活动。

大学生实训，将企业等用人单位的内训模式转化为大学生的教育模式。面向企业对人才的真实需求，自主研发针对特定专业大学生群体的个性化课程，引入有企业从业背景和丰富实践经验的实训教师，运用当期的真实项目，实施案例教学和实际操作；按照企业的实际用人需求，培养具有职业道德素质和掌握行业专门知识的技能型人才。

通常，高校会将实习和实训合在一起，统称实习实训。针对不同学科背景和不同领域人才的技能要求，会根据不同专业的培养方案，设置实习实训类课程，将其作为人才培养的必要组成部分。例如：针对工程类人才设置实训类课程，学生通常在校内的实训基地或与企业合作建设的校外实训基地内开展实践课程的学习；针对师范类人才会设置实习类课程，学校会在包括校内的教师实训中心开展实际授课技能训练，学生还需进入中小学课堂实际参与真实的课堂教学与教育管理工作；针对管理类人才也会设置与专业相匹配的校内实训中心和校外实习基地，以满足不同专业对于实习实训的不同要求，更好地服务于人才培养工作。

第二节 专业劳动

高校学生的生产劳动主要是专业劳动。新时代高校劳动教育与专业劳动相结合是高等教育实践教学环节的重要组成部分，包括专业实验、专业实训、专业实习等内容。高校依托不同的教学环境，有计划地、系统地组织学生结合所学专业开展多元化的实操性和实践性劳动，通过专业的社会服务，增进学生对课堂讲授的专业知识的认识，激发其主动思考，提高其探索创新的意识；锻炼学生运用专业知识和技能解决实际问题的能力，提升学生的综合素质与就业竞争力。实习实训本身是一种专业劳动，是开展新时代高校劳动教育的主阵地，是发挥"以劳树德、以劳益智、以劳健体、以劳育美"协同育人功能，培养德智体美劳全面发展的社会主义建设者与接班人的主渠道。

一、专业劳动意义

专业劳动与专业实验、专业实训、专业实习密不可分。专业实验是指专业课程教学过程中需借助实验手段完成的部分教学环节。专业实训是指依托实务部门开展的实践教学活动，是校内实验课程教学的延伸。专业实习是指学生在与所学专业相关的实务部门从事短期或长期工作，以增进对课堂讲授的专业知识的认识。实验、实训、实习三者是实践教学与专业劳动逐级深化的培养体系。专业实验是为完成某一项具体的专业教学目标，在高校内部学习环境下进行的一种专业知识技能操练；专业实训，是依托实务部门或在校内模拟实务场景下进行的一种综合运用多种专业技能解决某一类较为复杂的实务问题的实践训练；专业实习则是深入实务部门中进行的一段较长时间的实际工作体验，其目的在于让学生全面了解真实的职场生活，更好地适应职场生活，综合运用各种专业知识技能和人际沟通能力解决职场各类实际问题。三者相辅相成、层层推进，总体上表现出三个特征：与专业相结合，实习实训（含实验）要注重专业化和专门化的学习；与社会相结合，实习实训（含实验）要围绕企业、行业用人需求而开展；与实践相结合，实习实训（含实验）要强调"劳动"的教学方式，即运用所学专业技能，参与到实验实训实习中，通过实操和实践劳动完成教学任务，解决实际问题，培养专业能力和综合素质。为此，实习实训（含实验）中融入劳动教育，是加强劳动教育，实现劳动教育内化于心、外化于行的必然选择。

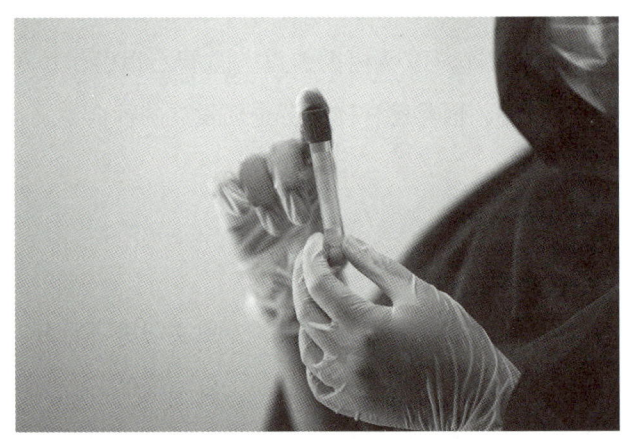

专业劳动是学习劳动知识技能的主要方式。习近平总书记在党的十九大上指出，永远把人民对美好生活的向往作为奋斗目标。实现人民对美好生活的向往要靠党和国家创造更好的教育、更稳定的工作、更满意的收入、更可靠的社会保障、更高水平的医疗卫生服务、更舒适的居住条件、更优美的环境；也要靠更多的社会主义建设者，精进专业劳动技能。随着现代经济的不断发展和行业的不断更新，我国产业结构发生了深刻的变革，对人才的需求也随之发生了改变。社会对专业化人才需求的增加、人民对自身发展意愿的提升对高校人才培养提出了更高的要求。专业劳动作为专业课堂教学的延伸，是将理论专业知识和专业技能从"知道"转化为"运用"的过程，是培养大学生专业能力与就业竞争力的主要教学环节。因此，加强专业劳动教育是促进学校教育与社会需求"无缝衔接"的有效手段，是必要且重要的。

专业劳动是培养劳动价值观的重要阵地。人对于劳动的认识决定了其劳动的态度，而这种态度又直接影响着劳动者的劳动效率。加强劳动教育、培养劳动价值观已成为各类各级教育的一项重要任务。大学生作为社会服务劳动力的生力军，他们的劳动价值观不仅影响其成长、成才，同时也影响整个社会的生产力发展水平与生产效率，因此在大学阶段将劳动教育融入教育教学的各个环节中、抓好大学生劳动价值观确立和稳定的关键期显得尤为重要。大学教育中的专业劳动作为大学生直接参与劳动的主要过程，势必要发挥其劳动价值观培养的重要作用。在专业劳动中，学生能够通过劳动实践更为深刻地认识劳动的价值与意义，能够通过与同学、校内专职指导教师、校外兼职指导教师、企事业单位及行业部门专家等不同主体的合作、交流，潜移默化地形成崇尚劳动、尊重劳动、热爱劳动的劳动价值观。

专业劳动是养成劳动品质的重要环节。劳动品质反映的是一种劳动品德，即辛勤劳动、诚实劳动、创造性劳动，表现为：在学习工作中勇于担当责任，在挫折困难面前显示出坚毅的品质，能够战胜困难，最终取得胜利。劳动品质的形成要落实到劳动实践中，专业劳动以问题为导向，围绕某一个或几个具体的问题，让学生自主思考、独立操作，在不断探索尝试中体会劳动的意义，了解自身的劳动价值，在劳动中享受成功的喜悦、认识自身的价值，进而激励学生练就精业和敬业、自信和执着的劳动品质。

二、专业劳动的实践途径

1. 优化专业劳动教学体系，加强劳动教育与专业劳动的融合

要在教学体系构建中加强劳动教育，明确劳动教育的目标、教学体系和教学任务。一是要建立科学的专业劳动课程体系，根据相关专业教学质量国家标准及培养要求，融合相关行业企业对专业人才的岗位标准，开设具有行业特点的与创新创业和就业密切相关的多学科课程，通过课程教育着重丰富学生创业和专业知识、技能。二是要提供专业劳动的物质保障，加强校内实验教学资源整合，推进智慧实验室建设，构建功能集约、资源共享、开放充分、运作高效的实验教学平台；综合运用校内外资源，大力推动与行业部门、企业协同合作，通过实习实训（含实验）教学将理论知识和科学实践相结合，既培养学生分析、解决实际问题的能力，又启迪学生勇于提出问题的探索创新精神。

2. 加强专业劳动的过程管理，确保落实劳动教育

实行科学管理，完善各项规章制度，建立一整套严格的科学管理体系，是实现劳动教育成效的重要保障。一是要建立专业劳动标准，强调学生创新精神、创业意识和创新创业能力的培养；健全管理评价制度，包括校企合作教学实习基地管理制度、校企合作教学实习基地工作指南、校企合作教学实习基地考勤制度、校企合作教学实习基地教学质量和效果评价、工作日志制度、基地兼职导师管理制度等。二是要规范学生实习实训的目标与任务，让学生能够有目的地学，能够在学习过程中发现问题、思考问题、解决问题。通过专业对口性强、目标明确的实习，学生能够更多地运用所学的劳动知识技能处理实际问题，提高劳动能力，更好地适应未来职场需要。

3. 完善专业劳动考评体系，强化劳动教育地位

教师和学生是高等教育中"教"与"学"的主体，需要完善具有激励效应的考评体系。一是学校将劳动教育的实施情况和效果纳入教师的考评中，要求教师结合学生的心理发展特征和学习特点，深入研究专业知识技能教学中的劳动教育内涵，并将这种内涵以学生喜闻乐见的方式有目的、有设计地融入专业劳动教学中，让学生更乐于接受，引发学生更深入地思考，使其能够更准确地认识劳动的本质与价值，能够尊重劳动、热爱劳动，自觉自愿地参与到劳动中，在劳动实践中实现个人的发展。二是学校将参与劳动纳入学分管理，将劳动态度、劳动行为纳入学生实践教学课程考核、综合素质考评等评价中，让学生在被动的参与中感悟劳动的快乐与意义，进而形成主动参与劳动的意识。

第三节　创新劳动

一、创新劳动的内涵及特点

1. 创新劳动的内涵

社会学家艾君在《时代需要创新劳动》一文中指出，创新劳动就是创造性的劳动，即通过脑力劳动萌发出技术、知识、思维的革新，从而有效提升劳动效率、产生出超价值的社会财富或成果的劳动[①]。如人力→畜力→水力→电力→太阳能→风能等，体现了技术创新的历史轨迹。

---

① 艾君：《时代需要创新劳动》，载《工会博览》，2011年第5期，第1页。

读书笔记

鲁品越[①]（2009）指出创新劳动变革了原有的生产条件与劳动方式，使之发展为新的"社会正常的生产条件"，它所生产的不是商品本身，而是商品生产的新条件和新方式。他将创新劳动分为三种主要形式。一是原创型劳动：发现影响社会生产条件的首创性科学文化观念与技术发明，能够改变整个行业甚至全社会生产系统的体系性创新，如电子计算机、互联网等发明。二是改进型劳动：对原创性观念与技术发明进行改进、发展和完善，使之具有实践操作性，并且延伸到各个领域，从而开辟了原创性劳动向社会扩张的可能性，如世界上第一台计算机体积大，运算速度低，存储容量不大，并且价格昂贵，使用也不方便，经过优化改造，形成如今轻薄、便捷的笔记本电脑。三是推广应用型劳动：将已在生产领域获得成功的"创新劳动"成果推广开来，取代原有的生产条件，对各企业进行产业升级改造。如传统农耕结合计算机科学，实现农耕活动由单纯依靠体力转变为体力与技术相结合。

创新劳动与常规劳动存在区别，常规劳动是指生产普通商品的劳动，常规劳动的成果是已经存在的，而创新劳动的成果是先前不存在的，且创新劳动所生产的产品是常规劳动的社会生产条件[②]。因此，常规劳动与创新劳动的真正区别在于劳动的量和质。常规劳动更多的是量的积累的劳动，其价值与劳动时间的量具有重要关联。如电子厂按照员工生产出的产品数量来计算工资，多劳多得。创新劳动主要表现为劳动力的创意发挥，一个创新劳动成果形成后，同质劳动成果即使是独立形成的，其价值与首创性也完全不同，甚至可以为零，如正品与山寨货。

[①] 鲁品越：《"创新劳动"价值与社会生产历史进程——两层次劳动价值创造论》，载《哲学研究》，2009年第7期，第3~9页。

[②] 王天思：《创新劳动价值论的探索及其启示——兼与鲁品越教授商榷》，载《哲学研究》，2011年第3期，第17~23页。

2. 创新劳动的特点

赵培兴认为创新劳动具有三个鲜明特点[①]。

第一，具有挑战性。创新要创造新的使用价值，是对它所要取代的旧的使用价值的挑战，是对常规劳动的挑战。这种挑战性既是贯穿始终的，又是全方位的，无论是创新的开始，还是创新的过程以及创新的结果，都充满挑战性；同时，无论思想、意识、观念，还是知识、能力、手段以及实践，都具有挑战性。挑战性是创新劳动的特殊品格。实践证明，具备挑战性品格的人，更能进行创新劳动，取得创新成果；否则难以实现。

第二，具有风险性。创新意味着挑战，而挑战又意味着风险，这是因为任何挑战都有两种可能：成功或是失败。新的使用价值的创造，只有经过长期的积累、艰辛的劳动和曲折的道路才可能完成。实践证明，在创新特别是重大创新的过程中，在任何一次失败面前，哪怕是在成功前的最后一次失败面前怯阵、止步，新的使用价值也不可能产生。所以，创新劳动者不仅要具有敢于挑战的品格，而且要具有能承担风险、不怕失败和挫折的魄力。

第三，具有革命性。创新是对陈旧、落后甚至是腐朽事物的革命，无论是政治、经济、科技创新，还是思想、观念、文化创新，抑或是制度、方法创新，都是一种革命。创新劳动获得预期成果，创造出新的使用价值，就是一种革命的实现；否则，不能获得革命性成果，不能创造出新的使用价值，就不能称其为创新劳动。创新劳动与常规劳动都创造使用价值和价值，因而它们对生产力和社会的发展与进步都是不可缺少的。但是，由于创新劳动具有革命性，能够创造出人类历史上前所未有的新的使用价值和价值，因而它推动生产力和人类社会的发展与进步，特别是在跨越式发展和革命性

---

① 赵培兴：《论创新劳动及其价值定位——献给知识经济》，北京：中央文献出版社，2002年，第103~107页。

进步中，具有常规劳动不可比拟和不可替代的超常作用。

二、创新劳动实现途径

党①的十八大以来，习近平总书记就创新发展发表了一系列重要讲话和论述，强调"把创新摆在国家发展全局的核心位置"。从习近平总书记关于创新发展的重要论述出发，全面剖析、深刻理解党和国家对创新驱动发展的重大战略部署，对于贯彻新时代创新发展理念、应对国内外形势发展变化、指导中国特色社会主义实践具有深远意义。

2020年3月，中共中央、国务院印发《关于全面加强新时代大中小学劳动教育的意见》②。其认为，在大学阶段强化马克思主义劳动观教育，注重围绕创新创业，结合学科专业开展生产劳动和服务性劳动，积累职业经验，培育创造性劳动能力和诚实守信的合法

---

① 李琳琳：《习近平总书记关于创新发展的重要论述及其意义》，载《中国社会科学报》，2020年10月15日。
② 《中共中央国务院关于全面加强新时代大中小学劳动教育的意见》，载《人民日报》，2020年3月27日。

劳动意识，提高在生产实践中发现问题和创造性解决问题的能力。

创新发展贯穿于科教兴国、人才强国、科技强国的始终，是习近平新时代中国特色社会主义思想的重要内容。劳动教育是素质教育中的重要一环，创新创业教育与劳动教育是相互促进、相互作用的。作为新时代大学生，在践行创新劳动中应该做到以下几个方面。

1. 培养创新思维意识，学习创新理论知识

这是利于大学生实现创新劳动的前提条件，也是当代大学生面对现今社会发展趋势必备的个人素质。个人意识的形成支配着个人行为，并影响个人价值的创造，创新意识激发着劳动创造力的产生，劳动活动是创新创业意识的充分实践，并为其提供了源源不断的内生动力。创新创业意识与劳动实践的有机结合，使高校学生在学习过程中可以提高自身综合能力，形成积极的劳动价值观，领悟劳动成就感与幸福感，在平凡的工作岗位上绽放出别样光芒。

2. 提升创新创业实践能力，运用创新创业资源平台

劳动教育和创新教育相互融合，树立正确的劳动意识，可以推动创新创业实践活动的开展。大学生应当利用好身边的创新创业资源平台，在活动中成为劳动者、理解劳动者、尊重劳动者，提升劳动能力，打造劳动价值。在创新创业实践中，充分发扬劳模精神，从小事做起、从点滴做起、实干苦干，当好工匠精神的典型践行者，做好奉献精神的优秀传承人。

拓展阅读

劳动创新让生活更美好

中国宝武集团宝钢股份技能专家、钳工高级技师王军，在宝钢创新氛围影响下立足岗位创新，攻克层流冷却核心设备技术、主线

读书笔记

高压柱塞泵技术和超高强矫直机辊系技术等三大行业难题和填补重大装备技术空白，申请国家专利218项、PCT国际专利12项。

问起成功的秘诀是什么，王军笑着说："我有一个小建议：一定要坚持创新。创新给你带来的是乐趣，是一种能力提升。你要创新，首先要学习，然后在岗位上才会慢慢创新。创新过程就是知行合一的过程。"

王军表示，新时代是创新的时代，要从创新中找到自信、找到成长的舞台。作为一名一线工人，王军给年轻人、岗位劳动者三条建议：一要岗位创新，岗位创新能带来乐趣和能力提升；二要拓展技能，未来虽然会人工化、智能化，但人工化、智能化设备仍需要人来驾驭，对技能人员的要求更高；三要不断地掌握新技术，推广应用创新成果，为人类创造更多财富。

对于王军而言，岗位创新就是坚守岗位、不断学习，在攻坚克难的过程中解决问题，实现创新。上岗不久的王军就遇到了作业线按计划更换剪刃后钢板剪切质量不过关，几次调整效果仍不理想的难题。王军没有立即到机架上去调整剪刃间隙，而是通过对讲机，向生产方了解当班生产的产品情况，调整了机架上的几个螺丝。开机试生产时，钢板剪切质量果然达到生产要求。因为王军平时和专家交流时，留心了解不同规格的钢板对剪刃间隙的不同要求，所以这次顺利解决了难题。这次的经历让王军认识到，干好活不仅要认真负责，还得动脑筋。后来，经过长期的生产实践，王军第一个创新成果——集团公司先进操作法"飞剪剪刃快速更换法"诞生了，一个人只需要半个小时就能更换一个剪刃，大大节省了人力和时间成本。在领导的鼓励和大伙的支持下，王军积累经验、改进设备、琢磨技艺，慢慢地他的专利一个个地诞生了。

谈起自己的钻研之路，王军讲了一句质朴的话："最初觉得设备上的小毛小病'碍眼'，于是'修修补补'了二十多年设备。"

自从走上创新道路后，王军不管走到哪里，只要熟悉这些设备就能找到创新点。人们都说，王军有一双"火眼金睛"。在工作实践过程中，王军深深地体会到，再先进的设备，也有不尽如人意的地方。现代化的企业需要先进的设备，更需要复合型人才。工人其实不再是重体力劳动者的代名词，而是可以成为创新人才，成为新型人才。

专题一 专业实习我实行

专业实习是指将学生带到生产现场去学习，通过参加生产实践，深化理论知识，培养和提高学生的专业工作技能水平与综合运用专业知识、专业技能解决生产现场中的技术及管理问题的能力的一种实践性教学活动。

专业实习包括认识实习、跟岗实习、顶岗实习等内容。

（1）认识实习是指组织学生到实习单位参观、观摩和体验，形成对实习单位和相关岗位的初步认识的实践性教学活动。

（2）跟岗实习是指不具有独立操作能力、不能完全适应实习岗位要求的学生，在专业人员的指导下，到实习单位相应的岗位部分参与实际辅助工作的实践性教学活动。

（3）顶岗实习是指初步具备实践岗位独立工作能力的学生，到相应的实习岗位相对独立地参与实际工作的实践性教学活动。顶岗实习累积时间原则上以半年为主，可以根据实际需要，集中或分阶段安排实习工作。

专业实习具有教育性与职业性、学生身份双重性、教学模式特殊性等特点。教育性与职业性是指专业实习目标与专业培养目标关系密切，是学校培养人才重要的一环。在专业实习

读书笔记

过程中，通过学校、老师及实习单位的指导，学生的专业知识和技能获得一定程度的增加与提高。学生的学习场所由校内转向校外，在实习岗位上开展相关的学习计划，是一种专业劳动的过程。

【思考】
1. 你有哪些兼职实习经历，与大家分享你的经验。
2. 了解专业实习要求，根据教师指导，编制专业实习记录表。

专题二 创新创业我践行

江淮花韵：用一生守护艺术插花

插花艺术是中华民族最优美的文化表现之一，2008年成功列入国家级非物质文化遗产名录。为进一步弘扬江淮地区传统插花艺术，根据国家《关于实施中华优秀传统文化传承发展工程的意见》的精神，安徽农业大学植物保护学院江淮花韵工作室应运而生。工作室整合资源、开拓创新，以"以花传情，以花悟道"为插花理念，依托电子商务平台，打造培训、制造和DIY私人订制服务为一体的艺术插花生态服务链。通过设立"云中花"线上品牌，创立"艺术插花手艺人"培训坊，开展高雅艺术公益展演，得到

政府、高校、企业等单位的大力支持。工作室邀请刘若瓦、杨路萍、何垒乐、姜永正等知名插花大师作为作品研发指导老师，并先后与七家单位建立了合作关系，保障了花艺作品研发、制作、销售、服务等各环节的平稳运行。工作室设立至今，产生了良好的社会影响，并为传统艺术插花手艺的传承和花艺文化的传播作出了一定的贡献。

2020年，在学院老师的指导下，工作室凝练出"江淮花韵——'非遗'艺术插花传承与创新"项目，并获第六届"互联网+"大学生创新创业大赛省级银奖、第九届"挑战杯"大学生创业计划竞赛省级银奖、第十届全国大学生电子商务"创新、创意及创业"挑战赛省级一等奖等荣誉。

工作室的负责人名叫赵宗祥，他是一位典型的理工男。也许你可能很难想象，平日里整天与各种仪器、试剂相伴的他怎么会和鲜花绿叶有如此神奇的缘分。随着镜头的转换，他脱下白大褂走出实验室，阳光下一个开朗活泼的阳光少年形象立刻呈现在大家的眼前，不觉中他驻足在校园里智慧广场一角，凝视着几根折断的石榴枝条，若有所思。他拾起它们，顺手插入青花瓷瓶中，一件意韵深远的插花作品就完成了，即将凋萎的小花之美在生命的尽头得到了最美的诠释……

年纪轻轻的他，成就可不平凡。大学期间，在"养好花"的前提条件下，让本不平凡的绿植拥有高级的艺术设计感成了他的兴趣所在与追求目标。他刻苦钻研专业知识，并将所学知识与实践相结合。他先后取得国家职业、技能资格证书九项，获国家级、省部级大赛特等奖、金奖、银奖十一项，市级、校级奖项若干，参与书籍编写两本，并被授予"中国大学生自强之星"、安徽省"争做新时代向上向善好青年"等荣誉称号。他的插花作品先后获得2021年世界园艺博览会插花花艺国际竞赛两金一银、"中华人民共和国成立

读书笔记

七十周年"安徽省插花花艺大赛特等奖、第十届中国月季展览会月季插花花艺展赛"现代花艺项目"金奖和"传统插花项目"银奖、中国苗木交易大会暨"华艺杯"插花花艺展赛"传统插花项目"银奖、合肥市劳动和技能竞赛"艺术插花技能竞赛"一等奖等多项荣誉。并且，他还加入了安徽省插花委员会，在不懈努力下又取得了国家高级插花师、国家高级插花培训师、国家级高级茶艺师、全国电子信息人才能力提升工程—中级电子商务师等职业技能称号，同时兼任2018—2020年安徽省茶文化研究会传统插花文化专业委员会副秘书长一职。他还指导高职院校学生斩获了国家技能大赛一等奖两项、二等奖一项。面对肆虐的新冠肺炎疫情，他用傲雪寒梅等元素创作作品《以艺抗"疫"》，其作品先后登上各大媒体平台。他本人也受到了中国青年报社、安徽广播电视台、阜阳广播电视台、河北广播电视台的专访。

面对这些奖项和荣誉，他有着这样的感悟："其实我记得第一次参加比赛的时候自己做了充足的准备，但是最后只拿到了一个银奖，当时的心理落差巨大，觉得付出和结果没有成正比。紧接着又是南阳的一次月季插花比赛，那次比赛我准备得更加充分，也把作品做出了我要的预期效果，但是比赛评比结果是什么奖项都没有，对于二十出头的我来说这一锤砸得着实很重，曾一度想放弃插花，最后在和一位大胡子老手艺人的聊天中我慢慢地感悟到了什么，也似乎明白了点什么，慢慢地获得的名次也就越来越好了。很多东西是因为喜欢才会去付出，而不是抱着目的地去付出，这是我在比赛过程中的顿悟，也是我心态改变的一个转角，所以我才会一直强调插花对我人生的重要性。"

在问及为什么选择农林专业时，他回答道："因为从小喜欢花卉园艺植物，很享受植物从发芽生根再到开花结果的整个生命历程，其间会遇到各种植物病虫害问题，小时候想着长大了要做一个植物医生去保护美丽的植物,所以大学时我毫不犹豫地选择了安徽农业大学植物保护学院。"对于中国传统插花的学习,他说:"对我个人来说,三年的插花学习给我最大的感觉就是一个由简单设计到复杂造型再到呈现简单作品的过程,中国传统插花改变了我的性格,让我真正地从植物上感受到了大自然的能量与精神,同时我特别感谢我的老师,感谢他对我的悉心教诲和始终如一的支持,在几年的学习过程中老师一直和我强调的是'做艺容易做人难'的道理,所以准确地来说,我的老师更多的是授人以渔。"

目前,赵宗祥和工作室的其他小伙伴正在准备明年的"互联网+""挑战杯""三创"等学科竞赛和插花艺术方面的比赛。其实,传承和发扬优秀传统文化的道路或许并不好走,但心有所信方能行远。既然选择了远方,便只顾风雨兼程。他们说:"落红不是无情物,化作春泥更护花,我们甘愿做那捧春泥,护佑徽派插花文化在中华大地乃至世界舞台上展现出它的璀璨身姿。"

【思考】

1. 新时代的大学生应如何提高自己的创新能力?

2. 根据教师指导,设计一份互联网+大学生创新创业大赛策划书。